Erwin W. Lutzer

Das widerspenstige Ich

clv

Christliche
Literatur-Verbreitung e. V.
Postfach 11 01 35 · 33661 Bielefeld

1. Auflage 2011

© der amerikanischen Originalausgabe 2007 by Erwin W. Lutzer
Published by David C. Cook, 4050 Lee Vance View, Colorado Springs,
Colorado 80918, USA.
Originaltitel: GETTING TO NO – How to Break a Stubborn Habit
(überarbeitete Ausgabe des Titels »How to Say No to a Stubborn Habit«)

© der deutschen Ausgabe
2011 by CLV · Christliche Literatur-Verbreitung
Postfach 11 01 35 · 33661 Bielefeld
CLV im Internet: www.clv.de
(früher erschienen im Blaukreuz-Verlag Wuppertal)

Übersetzung: litera/Köppl, CLV
Satz: CLV
Umschlag: Lucian Binder, Marienheide
Druck und Bindung: CPI – Ebner & Spiegel, Ulm

ISBN 978-3-86699-229-0 (CLV)
ISBN 978-3-941186-41-5 (Blaukreuz-Verlag)

Inhalt

Vorwort	7
Einleitung	11
Warum gibt es so viele Versuchungen?	15
Die Grundregeln	29
Die Bewältigung der Vergangenheit	45
Sehen Sie die Dinge in Gottes Licht	59
Die Freiheit, am Kreuz zu leben	75
Die Kraft des Heiligen Geistes	85
Die Erneuerung Ihres Geistes	95
Mit Gefühlen leben	109
Die Zähmung des Willens	125
Die Fürbitte Christi und der Gläubigen	141
Widerstehen Sie der Aktivität Satans	155
Von Neuem gefangen	167
Das letzte Kapitel	181
Anhang	185
Literaturverzeichnis	189

Vorwort

Als Dr. Lutzer mich bat, das Vorwort zu diesem Buch zu schreiben, fühlte ich mich sehr geehrt. Wissen Sie, Erwin Lutzer ist für mich einer der angesehensten Autoren und Redner. Er wird von Tausenden Pastoren gelesen, gehört und zitiert, die ihn so sehr schätzen wie ich oder noch mehr. Darüber hinaus fühle ich mich sehr geehrt, das Vorwort zu einem Buch zu verfassen, das Menschen helfen kann, eine hartnäckige Angewohnheit – oder zwei oder drei solcher Angewohnheiten – hinter sich zu lassen. Genau dies ist die Intention des Autors in diesem Buch.

Seien Sie sich jedoch darüber im Klaren, welchen Schritt Sie hier nun gehen – denn es wird nicht leicht sein. Meistens steht eine hartnäckige Angewohnheit nicht für sich allein da. Sie befindet sich in Gesellschaft mit anderen zerstörerischen Angewohnheiten, die nur einem einzigen Zweck dienen: Sie sollen unsere Fähigkeit zerstören, gute Gedanken zu haben über uns selbst, über die Menschen, die uns lieben, und über Gott, der uns geschaffen hat.

Sicher: Es gab mal eine Zeit, in der wir uns über solche Angewohnheiten keine Sorgen machten. Denn schließlich gab Gott uns doch in erster Linie die Freiheit – auch die Freiheit, zu entscheiden, wie wir handeln. Also können wir doch tun, was wir wollen, wenn wir es wollen, oder? Vielleicht nicht. In Sprüche 14,12 lesen wir: »Da ist ein Weg, der einem Menschen gerade erscheint, aber sein Ende sind Wege des Todes.«

Sehen Sie, das Leben besteht aus vielen Wegen. Manche scheinen breit und angenehm zu sein (die Wege des geringsten Widerstands), während andere auf dem ersten Blick hart und beschwerlich aussehen. Und wenn wir mit unseren verschiedenen Verletzungen zu kämpfen haben, scheint es uns richtig zu sein, den leichteren Weg einzuschlagen. Doch einige wenige

Menschen werden Ihnen sagen: Wenn Sie erst einmal auf dem leichten Weg sind, werden Sie es schwer haben, ihn wieder zu verlassen. Haben Sie noch nie festgestellt, dass Autobahnen weniger Ausfahrten haben? Wenn Sie die richtige Ausfahrt verpassen, mag das für den Moment nicht so schlimm zu sein, aber schon bald könnten Sie feststellen, dass Sie sich an einem unbekannten Ort wiederfinden, der kilometerweit von Ihrem Ziel entfernt ist und Ihnen keine Möglichkeit zum Wenden mehr bietet.

An diesem Punkt müssen Sie einige schwerwiegende Entscheidungen treffen. Wenn Sie auf Ihrem Weg (der Autobahn) bleiben, wird es wahrscheinlich eine gemütliche Fahrt geradeaus sein. Niemand wird Sie dabei stören, und Sie können so schnell fahren, wie Sie wollen – zumindest solange Ihnen nicht der Sprit ausgeht. Doch je weiter Sie kommen, desto schwieriger werden Sie es haben, den Rückweg wiederzufinden. Vielleicht kennen Sie nicht einmal die Nebenstraßen. Dort wird es Ampeln und Stopp-Schilder und Umleitungen geben. Hier herumzufahren, kann viel Zeit in Anspruch nehmen und hart sein, aber Gott hat nie gesagt, dass es leicht sein wird, oder? Ganz im Gegenteil: Gott lässt uns wissen, dass Veränderung ein schmerzhafter Prozess sein kann. In 1. Petrus 4,1 heißt es: »Da nun Christus für uns im Fleisch gelitten hat, so wappnet auch ihr euch mit demselben Sinn; denn wer im Fleisch gelitten hat, ruht von der Sünde.«

Das klingt doch hervorragend, nicht wahr? Sie haben sich sicherlich schon gedacht, dass es einfacher wird, wenn Sie sich schließlich entschließen, umzukehren. Ja, lassen Sie sich ermutigen, denn ich halte dies tatsächlich für eine wunderbare Botschaft. Sehen Sie: Schmerzen sind ein Zeichen dafür, dass es vorangeht. Sollten Sie jemals Frostbeulen gehabt haben, dann wissen Sie, dass der Prozess des Auftauens sich überhaupt nicht gut anfühlt. Doch Schmerzen – auch wenn sie schwer zu ertragen sind – sind ein Zeichen dafür, dass die Körperteile, die vorher fast schon abgestorben waren, wieder zum Leben erwachen. Es ist nicht einfach, sich von den Bildern auf Ihrem Computer fernzuhalten, wenn Sie wissen, dass niemand Sie dabei beobachtet. Und Sie fühlen sich nicht wohl, wenn Sie weniger spenden, damit Sie mehr Geld zur Verfügung haben, um Ihre Schulden abzubezahlen. Aber solche Gefühle sind ein Zeichen dafür, dass Sie letztendlich den richtigen Weg gefunden haben.

Was noch wichtiger ist: Wir sind nicht dazu aufgerufen, dies allein zu schaffen. Andere haben es vor uns geschafft und können uns ermutigen, begleiten und anleiten auf dieser Reise. Wir brauchen Menschen, die uns gerne dabei helfen, das zu tun, was wir nicht allein tun können. Und genau darum geht es in diesem Buch. Es ist meine Hoffnung, dass Sie durch das Lesen dieses Buches nicht nur einfach lernen, was es bedeutet, eine schlechte Angewohnheit hinter sich zu lassen, sondern dass Sie auch lernen, was es bedeutet, sich mit Ihren Brüdern und Schwestern im Herrn zusammenzutun, um gemeinsam dieses Ziel zu erreichen – die Kraft und Liebe Gottes und die Freiheit zu erfahren, die er für uns vorgesehen hat. Seien Sie daher herzlich willkommen auf einer Reise, die nicht schmerzlos verlaufen wird, die jedoch ebenso voller Freude und Sieg sein wird. Glauben Sie mir: Das Warten lohnt sich!

Stephen Arterburn

Einleitung

Von Seneca stammt der Ausruf: »O dass eine Hand vom Himmel herabkäme und mich von meiner hartnäckigen Sünde erlösen würde!« Sein Flehen hallte weiter durch die Jahrhunderte. Wir alle wünschen uns das gleiche Wunder.

Schlechte Angewohnheiten beginnen unschuldig genug, doch weil wir sie nicht beherrschen, beherrschen sie schon bald uns. Wir alle haben den unseligen Teufelskreis erlebt: Freude an verbotenem Vergnügen – Schuldgefühl – Beschluss, es nie wieder zu tun – Stolz auf kurze Augenblicke der Selbstbeherrschung – und schließlich der Rückfall. Bei der Wiederholung dieses Schemas gräbt sich die Spur tiefer ein, und die Kette schließt sich enger um uns.

Wenn wir unser Verhalten damit entschuldigen, »wir seien halt Menschen«, werden wir pessimistisch, ja sogar trotzig und fallen bald einer Sündhaftigkeit zum Opfer, die nicht mehr von der Stelle weicht. Dieses Verhaltensmuster wird uns dann mit der Zeit so vertraut, dass wir es gar nicht mehr ändern möchten. Wenn wir uns in einer unbequemen Überheblichkeit einnisten, dann werden uns Zorn, Lust, Sorge, Unmäßigkeit, Trägheit, Bitterkeit und Egoismus zur zweiten Natur – abgesehen von geringen gelegentlichen Anstrengungen zur Korrektur. Es mag sogar geschehen, dass wir uns zu unseren kleinen Erfolgserlebnissen noch selbst beglückwünschen, obwohl sie keine echte, dauerhafte Veränderung zur Folge haben.

Gibt es wirklich eine Befreiung aus diesem routinemäßigen Marsch »einen Schritt vor und zwei zurück«? Es gab Zeiten, da dachte ich, die Antwort laute »Nein«. Trotz meiner ehrlichen Bemühungen, mich Gott ganz hinzugeben, behielt ich gewisse Schwächen (*Sünden* ist ein ehrlicheres Wort dafür), von denen ich annahm, dass ich einfach mit ihnen leben müsse. Letzten Endes ist ja *keiner* vollkommen!

Doch ich wusste, dass mein Versagen nicht Jesus Christus zur Ehre gereichte, der am Kreuz den Sieg errang. Hat er uns nicht verheißen, dass wir wirklich *frei* sein würden? Durch viele Fehlschläge und einige Siege habe ich gelernt, dass auch die dauerhafteste Sünde vertrieben werden kann. Wir *können* frei von Sünden werden, selbst von jenen, die in den Tiefen unserer Seele verborgen sind.

Im Altertum uferten die großen Städte nicht mit ihren Vororten weit ins Umland aus. Vielmehr war eine Stadt von riesigen Mauern umringt, die dem Schutz ihrer Bewohner vor Angriffen von außen dienten. Oft konzentrierte der Feind seine Angriffe auf die schwächste Stelle der Stadtmauer, in der Hoffnung, sie dort zu zerstören. Der böse Feind nutzt ständig die gleiche Schwäche aus – mit verblüffendem Erfolg. Meinen Sie nicht auch, dass die Bewohner der Stadt deshalb die schadhaften Befestigungsanlagen in Erwartung des nächsten Angriffs wieder aufbauen? Und doch erliegen wir immer wieder denselben Versuchungen, ohne ein hilfreiches Programm zur Stärkung unserer Abwehr zu haben. Wir akzeptieren das Versagen als Lebensform mit dem Argument: »So bin ich nun eben.«

Gott hat einen anderen Plan, und dafür hat er uns eine Botschaft von Befreiung und Hoffnung geschenkt. Aber nur keine Missverständnisse: Sicher gibt es keine simplen Wunder. Unser Erfolg stellt sich weder umgehend noch automatisch ein. Glatte und einfache Lösungen führen zu falschen Erwartungen, die ihrerseits wieder Enttäuschung und Unglaube nähren. Die Anwendung biblischer Grundsätze erfordert Zeit und Disziplin, doch ein stetiger Fortschritt ist durchaus möglich. Selbst alte und sündhafte Verhaltensmuster können durch wirklich gute Einstellungen und Taten ersetzt werden.

Seneca wusste nicht, dass sein Wunsch erhört worden war. Gott stieg vom Himmel hernieder, um uns von unseren hartnäckigen Sünden zu befreien. In diesem Buch möchte ich Schritt für Schritt den Weg zur Freiheit beschreiben, die Christus uns gebracht hat.

Und wenn Sie das noch nicht getan haben sollten, dann möchte ich Sie dazu ermutigen, einen oder mehrere Menschen zu finden, die bereit sind, diesen Weg gemeinsam mit Ihnen zu gehen. Ich bin mir sicher, Sie werden feststellen, dass es keine bessere Unterstützung gibt als einen anderen Christen, der gegen dieselben Dinge zu kämpfen hatte oder immer noch zu kämpfen hat und denselben Wunsch hegt, sein Leben zu ändern. Durch die Bibel wissen wir: »Eisen wird scharf durch Eisen, und ein Mann schärft das Angesicht des anderen« (Sprüche 27,17).

Aus diesem Grund finden Sie am Ende eines jeden Kapitels einige Fragen. Sie sollen Ihnen helfen, das, was Sie gelesen haben – sei es als Gruppe, gemeinsam mit einem Partner oder allein – zu »verdauen«. Falls Sie sich entscheiden sollten, dieses Buch gemeinsam mit mindestens einer weiteren Person zu lesen, halten Sie vielleicht auch den Anhang mit Vorschlägen zur Diskussionsführung für hilfreich. Doch werden Sie sicher auch dann einige der dort genannten Prinzipien hilfreich finden, wenn Sie dieses Buch allein durcharbeiten sollten. Wie auch immer Sie es machen werden: Ich freue mich darüber, diesen Weg zur Freiheit gemeinsam mit Ihnen entdecken zu können, und ich bete, dass Sie während des Lesens dieses Buches radikale Veränderungen erfahren.

Also, wenn Sie bereit sind, lassen Sie uns beginnen!

Erwin W. Lutzer

Warum gibt es so viele Versuchungen?

»Warum ist die Begierde nur so mächtig?«, fragte Taylor, der unter dem Gewicht seiner Schuld zusammengebrochen war. Er war der sexuellen Versuchung erlegen. »Wie kann ich Vertrauen zu mir selbst haben? Ich möchte kein unmoralisches Leben führen. Ich habe mir selbst versprochen, das nicht mehr zu tun, aber nun stehe ich *wieder* da.«

Eine Frau, die jahrelang versucht hatte, mit dem Rauchen aufzuhören, aber immer wieder scheiterte (trotz jeder neuen Methode), fragte mich einmal: »Wie kommt es, dass ich – obwohl ich bete, es an Gott abgebe und meine Bibel lese – es nicht schaffe, damit aufzuhören, wie sehr ich es auch versuche?«

Ähnliche Fragen habe ich von Alkohol- und Sexsüchtigen gestellt bekommen, die immer wieder in dieselben zerstörerischen Verhaltensmuster zurückfallen, egal wie oft sie diese Dinge scheinbar bereits hinter sich gelassen haben.

Ihre Fragen verdienen Antworten. Warum ist die Versuchung so attraktiv, so unnachgiebig und so mächtig? Warum richtet Gott den Grad unserer Versuchungen nicht so ein, dass die Waagschalen sich mehr zu unseren Gunsten neigen?

Manchmal hat es den Anschein, als sei das Leben als Christ unnötig schwer. Sicher könnte Gott – der alle Macht und Autorität in Händen hat – es für diejenigen unter uns, die ihn lieben, leichter machen. So viele Gläubige erliegen der einen oder anderen Sünde, die oft mit dem Ruin endet. So erscheint eigentlich die Frage logisch, warum Gott nicht vor uns hergeht und die Landminen auf unserem Lebensweg entschärft. Wie könnte das geschehen?

Verbannung des Satans?

Zuerst einmal könnte Gott den Teufel zerstören. Hätte er das in der Tat zur Zeit des Schöpfungsaktes getan, dann hätten aller Voraussicht nach Adam und Eva nicht die menschliche Rasse in die Sünde gerissen. Unsere Voreltern wären Gott wahrscheinlich gehorsam geblieben, ohne erst am Baum mit der verbotenen Frucht Überlegungen anzustellen.

Angenommen, Adam und Eva hätten Handlungsfreiheit besessen, warum schenkte ihnen Gott dann nicht Gelegenheit, ihre Wahl ohne Einmischung von außen zu treffen? Die Schlange war schön, schien mit Vollmacht zu sprechen und verhieß ein besseres Leben. Soweit wir wissen, wussten Adam und Eva nichts von Satans Existenz, und so waren sie auf diese plötzliche Begegnung nicht vorbereitet. Wäre die Schlange aus dem Garten verbannt gewesen, dann wären Adam und Eva Gott wohl eher gehorsam geblieben. Sie hätten sich vielleicht nicht entschlossen, von der verbotenen Frucht zu essen.

Die Gegenwart Satans im Garten Eden und seine Aktivität auf unserem Planeten neigt die Waagschale zu unseren Ungunsten. Ich sage nicht, dass wir seinen finstern Vorschlägen folgen müssen. Wäre er jedoch von der Erde verbannt, dann könnten wir der Versuchung wesentlich leichter widerstehen.

Der überwiegende Teil des Bösen in der Welt – und dazu gehören auch unsere eigenen Kämpfe – kann tatsächlich auf die Einmischung unsichtbarer geistlicher Mächte zurückgeführt werden. Würde Gott den Teufel vernichten oder ihn zumindest in die finsterste Hölle verbannen, dann könnten wir Riesenschritte auf dem Weg mit unserem Herrn tun. Da bliebe nichts mehr übrig von »einen Schritt vor und zwei zurück«. Unser Kampf mit der Versuchung würde auf ein Minimum zusammenschrumpfen, und wir wären eher in der Lage, der Verlockung der Sünde die Stirn zu bieten.

Warum also beseitigt Gott den Satan nicht?

Gebremste Leidenschaften?

Ein zweiter Vorschlag für die Verringerung der Versagensquote im Leben von uns Christen wäre, dass Gott die Pfeile der Versuchung abstumpft, die uns von innen her gefährden. Jakobus schrieb: »Jeder aber wird versucht, wenn er von seiner eigenen Begierde fortgezogen und gelockt wird« (Jakobus 1,14). Könnte Gott nicht diese Leidenschaften bremsen, um moralische Reinheit leichter erreichbar zu machen? Sicher könnte Gott diese Leidenschaften ein wenig dämpfen – sodass uns der Sieg leichter fallen würde und wir bessere Zeugen für unseren Erlöser wären.

Wir alle haben schon die Aussage gehört: »Ich weiß, was ich tun sollte, aber ich kann es einfach nicht. Ich hab's versucht, habe Gott um Hilfe gebeten und trotzdem versagt.« Paulus schrieb über seinen eigenen Kampf: »Denn nicht das, was ich will, tue ich, sondern was ich hasse, das übe ich aus« (Römer 7,15). Der Kirchenreformator John Knox schrieb kurz vor seinem Tod diese Worte:

> »Nun, nach vielen Kämpfen, finde ich nichts in mir als Eitelkeit und Verderbnis. In der Stille bin ich nachlässig, in Mühen ungeduldig mit dem Hang zur Verzweiflung; Stolz und Ehrgeiz überfallen mich auf der einen Seite, Begierde und böse Sorge auf der anderen. Kurz, o Herr, die Fehler des Fleisches vertilgen beinahe die Tätigkeit deines Geistes.«

Wenn schon dieser Mann Gottes solche Kämpfe zu bestehen hatte, gibt es dann für uns irgendeine Hoffnung? Gott könnte es uns leichter machen, aber er hat sich entschieden, dies nicht zu tun.

Änderung der Pläne?

Wenn Gott den Teufel nicht verbannt und unsere sündhaften Leidenschaften nicht bremst, könnte er uns dann nicht von den Orten der Versuchung wegführen? Dann wären wir doch geschützt vor Umständen, die uns zur Sünde provozieren könnten.

David sündigte doch deshalb mit Bathseba, weil sie zufällig im Nebenhaus ein Bad nahm, während der König auf dem Dach seines Hauses ruhte. Man sollte meinen, Gott hätte das so einrichten können, dass sie ihr Bad zwei Stunden früher oder eine Stunde später nahm. Ein souveräner Gott dürfte doch keine Schwierigkeiten haben, die Pläne für seine Geschöpfe anders zu ordnen.

Sündigte Achan nicht, weil er ein Kleidungsstück der Babylonier sah, das nach der Belagerung Jerichos unbeaufsichtigt herumlag? Log Abraham nicht, weil in dem Land Hungersnot herrschte und er um sein Leben fürchtete? Verriet Simson nicht sein Geheimnis, weil er von der charmanten Delila bezaubert war?

Gott schützt uns nicht vor Umständen, die uns zur Sünde verlocken können. Wir dürfen nicht vergessen, dass es der Heilige Geist war, der Christus in die Wüste führte, wo er vom Teufel versucht wurde. Im Vaterunser lehrte Jesus seine Jünger, so zu beten: »Und führe uns nicht in Versuchung, sondern errette uns von dem Bösen« (Matthäus 6,13). Wir müssen zugeben, dass Gott uns manchmal in Situationen führt, die unser sündiges Verlangen fördern – aber dies heißt nicht, dass Gott uns zur Sünde veranlasst – auch führt er uns nicht wie Satan in Versuchung. Vielmehr sind dies die Zeiten, in denen wir uns auf Gott werfen und ihn bitten müssen, uns vor dem Bösen zu bewahren, da wir selbst nicht fähig sind, uns selbst davor zu retten.

Jakobus schreibt: »Niemand sage, wenn er versucht wird: Ich werde von Gott versucht; denn Gott kann nicht versucht werden vom Bösen, er selbst aber versucht niemand« (Jakobus 1,13). Wir können niemals Gott für das tadeln, was wir selbst tun. Wenn wir sündigen, dann liegt dies an unserer sündigen Natur; daher sind wir selbst dafür verantwortlich. Gott *prüft* uns jedoch. Auch erlaubt er dem Satan, uns in Versuchung zu führen. Ohne bewusste Absicht von unserer Seite geraten wir in Situationen, die ein äußerer Anreiz zur Sünde sind.

Nach dem Zusammentreffen mit einem früheren Freund entdeckte eine verheiratete Frau, dass sie immer noch Gefühle für diesen hegte. In der Folge begann sie sich vorzustellen, sie habe den falschen Mann geheiratet, und sie fühlte sich wie in einer Falle. Nun fragt sie: »Warum hat Gott, der doch weiß, wie schwach ich bin, zugelassen, dass wir uns wieder begegnen?«

Eine andere Frau, die mit homosexuellen Gedanken und Handlungen zu kämpfen hatte, gab zu, dass ihr unnatürliches Verlangen begann, als sie im Alter von 12 Jahren von einem älteren Mann sexuell missbraucht worden war. So begann ein langer Kampf mit sexuellen Versuchungen. Hätte Gott sie nicht vor diesem Erlebnis bewahren können?

Ein Mann, der verzweifelt versuchte, sich das Rauchen abzugewöhnen, sagte, dass er so lange Fortschritte dabei machte, bis er in ein Büro versetzt wurde, in dem jeder rauchte. In einer so vom Tabakduft durchtränkten Umgebung fiel er wieder in seine frühere Sucht zurück.

Alkoholiker, die versuchen, keinen Tropfen mehr anzurühren, werden oft unter dem Druck von Freunden rückfällig, die sich nicht darüber im Klaren sind, was sie dadurch bei einem Alkoholiker auslösen. Das ist der übliche Verlauf.

Und wie sieht es mit den feineren Sünden des Geistes aus? Ja: Jesus hat uns gelehrt, dass das Böse seinen Ursprung im Herzen hat – doch viele unserer Kämpfe gegen böse Gedanken werden durch unsere Umwelt hervorgerufen. Wer oft auf Reisen ist, fragt normalerweise nicht nach einem Zimmer, auf dessen Fernseher man Erotik-Programme empfangen kann – aber bekommt es trotzdem. Doch ob wir nun oft auf Reisen sind oder nicht: Überall um uns herum finden sich Anreize, die die übelsten Gedanken aufrühren. Gott könnte uns, ohne uns aus der Welt herauszunehmen, in Lebensbedingungen führen, die weniger dazu angetan sind, böse Leidenschaften, Habgier und Zorn zu wecken. Wenn wenigstens einige Stolpersteine aus unserem Lebensweg entfernt würden, dann würden auch die Möglichkeiten für ein totales Versagen geringer.

Doch Gott bewahrt uns nicht vor den Orten oder der Macht grausamer Versuchung. Der Satan besitzt Zugang zu unserem Leben. Unsere sündige Natur unterliegt keiner Einschränkung, und oft finden wir uns ohne Vorwarnung in Situationen wieder, die zu äußerer – oder zu geheimer – Versündigung beitragen.

So sind wir wieder zu Taylors Frage zurückgekehrt: Warum ist die Versuchung so mächtig?

Einige Gründe für die Versuchung

Prüfung unserer Treue

Gott hat, wie wir es wohl auch erwarten, einen Grund dafür, dass er uns in Versuchung geraten lässt. Gleich zu Anfang *sollten wir uns vor Augen führen, dass die Versuchung mit all ihren furchtbaren Möglichkeiten des Versagens Gottes Möglichkeit ist, unsere Treue zu prüfen.* Wir können erst dann sagen, dass wir jemanden lieben, wenn wir um seinetwillen harte Entscheidungen treffen mussten. In ähnlicher Weise können wir auch erst sagen, dass wir Gott lieben, wenn wir zu hartnäckigen Versuchungen »Nein« gesagt haben. Es ist ganz einfach: *Gott möchte, dass wir eine Leidenschaft für ihn entwickeln, die größer ist als unsere Leidenschaft zur Sünde!*

Nehmen wir Abraham als Beispiel. Gott forderte ihn auf, seinen Lieblingssohn Isaak zu opfern. Er war in großer Versuchung,

Gott ein Nein zu erwidern. Der von ihm errichtete Altar dürfte unter allen je gebauten Altären am sorgfältigsten konstruiert worden sein. Während seiner Arbeit fielen ihm sicher zahlreiche Gründe ein, warum er Gott nicht gehorchen sollte: Isaak wurde gebraucht, um Gottes Willen zu erfüllen; Sara würde es niemals verstehen; und schließlich: Wie konnte ein barmherziger Gott erwarten, dass ein Mensch seinen eigenen geliebten Sohn erschlug?

Natürlich wissen Sie, wie die Geschichte endete. Abraham bestand die Prüfung; der Engel des Herrn hinderte ihn daran, seinen Sohn zu töten, und ein Widder wurde das Opfer. Beachten Sie, wie Gott diesen Vorfall bewertete: »Nun weiß ich, dass du Gott fürchtest und deinen Sohn, deinen einzigen, mir nicht vorenthalten hast« (1.Mose 22,12).

Woher wissen wir, dass Abraham Gott geliebt hat? Dass er Gott vertraute? *Weil er sich entschied, »Ja« zu sagen, als alle Mächte der Finsternis und alle Leidenschaften seiner Seele »Nein« schrien.* Diese heftige Versuchung gab Abraham eine unvergleichliche Gelegenheit, seine Liebe zum allmächtigen Gott unter Beweis zu stellen.

Kehren wir nun zurück zu den oben beschriebenen Situationen. Wie steht es mit der Frau, die anscheinend nicht verhindern konnte, dass sie sich in einen anderen Mann verliebt? Oder mit dem Alkoholiker, der von seinen Freunden verleitet wird, in seine alte Gewohnheit zurückzufallen? Oder mit dem jungen Mann, der sich in verkehrter Gesellschaft befindet? Warum bewahrt Gott uns nicht vor solchen Lebensumständen? Er erlaubt uns den Luxus schwieriger Entscheidungen, damit wir unsere Liebe zu ihm beweisen können. Dies sind unsere Chancen, uns für Gott zu entscheiden – und nicht für die Welt.

Lieben Sie Gott?

Ich freue mich, dass Sie »Ja« gesagt haben. Aber was passiert, wenn Sie sich vor einer schwierigen Entscheidung sehen – etwa, ob Sie Ihrer Leidenschaft nachgeben oder sie beherrschen sollen. Unsere Reaktion auf die Versuchung ist ein genauer Gradmesser für unsere Liebe zu Gott. Einer der ersten Schritte in dem Bemühen, mit der Versuchung fertig zu werden, ist, sie als Prüfung unserer Treue anzusehen. »Wenn jemand die Welt liebt, so ist die Liebe des Vaters nicht in ihm«, heißt es bei Johannes (1. Johannes 2,15).

Joseph widerstand den täglichen Verführungsversuchen von Potiphars Frau, weil seine Liebe zu Gott so groß war. Joseph fragte sie: »… wie sollte ich diese große Bosheit tun und gegen Gott sündigen?« (1. Mose 39,9). Selbst wenn er es als Privatangelegenheit hätte abtun und so hätte vertuschen können, dass niemand davon erfuhr, so konnte er den Gedanken nicht ertragen, den Gott zu verletzen, den er kennengelernt hatte. Dasselbe Prinzip lässt sich auch auf uns anwenden. Nach jeder Versuchung sind wir in einem besseren oder einem schlechteren Zustand. Neutralität ist hier nicht möglich!

Hierin liegt der Grund, warum Gott das Böse nicht ausrottet. Die Anwesenheit von bösen Geistern in der Welt macht unsere Entscheidung zugegebenermaßen nicht leichter. Bedenken Sie aber, was solche quälenden Entscheidungen für Gott bedeuten. Wir beweisen unsere Liebe zu Gott, wenn wir uneingeschränkt »Ja« sagen zu ihm, auch wenn uns der Wind ins Gesicht bläst.

Das Ganze lässt sich auf einen einfachen Nenner bringen: Schätzen wir die Vergnügungen der Welt oder die Freuden, die von Gott kommen? Die Chancen zur Sünde, die uns von allen Seiten umgeben, die sündige Natur in uns und die dämonischen Kräfte um uns herum bieten uns vielerlei Gelegenheiten zur Beantwortung dieser Frage.

Gewandelte Leidenschaften

Ein zweiter Grund, warum Gott uns unsere Entscheidungen nicht erleichtert, besteht darin, *dass die Versuchung sein Plan zur inneren Entwicklung des Menschen ist.* Sündhafte Gewohnheiten sind ein Mühlstein um unseren Hals, ein großes Gewicht auf unserer Seele. Aber das ist nur die eine Seite der Medaille! Dieselben Versuchungen, Kämpfe und selbst unsere Sünden nutzt Gott als Hilfe auf dem steilen Weg zur geistlichen Reife. Wenn Sie den Kampf gegen Ihre Sünde nur als eine Verpflichtung ansehen, werden Sie nie lernen, was Gott Ihnen durch sie beibringen will.

Von Goethe stammt das Wort, dass das Talent sich in der Stille bildet, der Charakter aber in den Stürmen des Lebens. Gott will Ihnen etwas viel Schöneres in Ihrem Leben schenken als nur einfach den Sieg über die Sünde. Er will die Sünde durch etwas viel Besseres ersetzen – durch die positiven Werte eines fruchtbaren Lebens.

Die Versuchung ist das Vergrößerungsglas Gottes; es zeigt uns, wie viel Arbeit ihm in unserem Leben noch zu tun bleibt. Als die Israeliten sich auf ihrer Wanderung durch die Wüste befanden, ließ Gott sie hungern und dürsten. Einmal waren sie drei Tage lang ohne Wasser. Sie begannen zu murren über das langsame Tempo ihres Marsches und wurden ungeduldig, als Mose so lange auf dem Berg verweilte. Warum ging Gott auf ihre Erwartungen nicht ein? Nun, hören wir uns einmal Moses Kommentar an: Gott tat dies alles, »um dich zu demütigen, um dich zu prüfen, um zu erkennen, was in deinem Herzen ist, ob du seine Gebote halten würdest oder nicht« (5. Mose 8,2b).

Hier haben wir erneut diesen Punkt: Gott ließ die Israeliten Versuchung erdulden, um ihre Treue zu prüfen und ihre im Verborgenen ruhende Sündhaftigkeit an den Tag zu bringen. Die Versuchung bringt unsere besten oder schlechtesten Eigenschaften zum Vorschein. Die Israeliten erkannten den Grad ihrer aufrührerischen Gesinnung erst, als sie Hunger litten. Versuchung bringt Unreinheiten an die Oberfläche. Dann beginnt Gott mit dem Reinigungs-Prozess. Manchmal erteilt Gott uns diese Lektionen dadurch, dass er uns die Folgen unserer eigenen Sünde tragen lässt. Jakobus schrieb, dass wir durch unsere eigene Begierde gelockt werden. Das Wort *locken* birgt die Vorstellung eines Jägers in sich, der das Wild mit einen Köder anlockt, oder eines Hausbesitzers, der eine Mausefalle aufstellt. Die Maus kann keinen plausiblen Grund erkennen, warum sie gerade dieses bestimmte Stück Käse nicht fressen sollte. Da ihr Wissen begrenzt ist, kann sie nicht erkennen, was in der Zukunft liegt, und versteht das Wesen einer Falle nicht. So beißt sie zu – und erleidet die tödliche Konsequenz. Manche unter uns meinen, wir könnten die Folgen unserer Taten voraussagen, und messen offenen Sünden ernstere Folgen bei als den versteckten Sünden der Gedanken- und Vorstellungswelt. Doch selbst die Sünden des Geistes fordern ihren Zoll, und letzten Endes können wir die Sünde nicht länger steuern. Sie steuert uns. Gott lässt vielleicht eines Tages den Brunnen unserer Vergnügungen versiegen, sodass wir uns Ihm in Reue erneut zuwenden.

In diesem Falle führt Gott uns zu etwas Besserem. Er möchte in uns die reichen Charaktereigenschaften zur Entfaltung bringen, die man die »Früchte des Geistes« nennt: Liebe, Freude und Friede, um nur einige zu nennen (Galater 5,22-23). Gottes Ziel ist es, uns dem Bild seines Sohnes immer ähnlicher zu machen (Römer 8,29). Dazu müssen unsere charakterlichen Mängel (richtiger sollten wir von *Sünden* sprechen) an die Oberfläche kommen, damit wir verändert werden können.

Gott will uns auch dadurch demütigen, dass wir andere Menschen aufsuchen, um Hilfe zu bekommen und Rechenschaft geben zu können. Auf dieselbe Weise, wie ein abgehackter Finger nicht geheilt werden kann, wenn er nicht mit dem Rest des Körpers verbunden werden kann, können wir nicht von unseren sündigen Angewohnheiten frei werden, ohne Gemeinschaft mit anderen Gläubigen zu haben. Heimlichkeiten und Scham fördern Abhängigkeiten. Nur wenn wir ins Licht der Gegenwart Gottes und zur Offenheit der Gemeinschaft mit anderen kommen, können wir jene Art von Freiheit erfahren, nach der wir uns sehnen. Ja, wir brauchen die Hilfe anderer. Mehr dazu später.

Versuchung bedeutet stets auch Risiko. Das Potenzial für einen verheerenden Fehlschlag schlummert stets in uns. Doch gerade weil der Einsatz so hoch ist, ist auch die Belohnung für ein Widerstehen groß. Wenn wir zur Versuchung »Nein« sagen, sagen wir damit immer auch zu etwas weit Besserem »Ja«.

Stärke für unsere Schwachheit

Schließlich *gebraucht Gott unsere Sünden, um uns seine Gnade und Macht zu zeigen.* Die niederdrückende Auswirkung der Sünde wird durch die gute Botschaft von der Gnade Gottes beiseitegefegt. Paulus schreibt: »Das Gesetz aber kam daneben ein, damit die Übertretung überströmend würde. Wo aber die Sünde überströmend geworden ist, ist die Gnade noch überreichlicher geworden« (Römer 5,20).

Paulus wurde ein Pfahl ins Fleisch gegeben, damit er demütig bleibe. Vielleicht war es eine Versuchung, gegen die er ankämpfte. Er flehte Gott dreimal an, ihn davon zu befreien, doch Gott sprach: »Meine Gnade genügt dir, denn meine Kraft wird in Schwachheit vollbracht« (2. Korinther 12,9a). Paulus rühmte sich daher seiner Schwachheit, denn er wusste, dass sie für Gottes Macht eine Gelegenheit war: »… denn wenn ich schwach bin, dann bin ich stark« (2. Korinther 12,10b). Wenn man von einer besonders hartnäckigen Versuchung bedrängt wird, bietet sich vielleicht die Chance, die Entfaltung von Gottes Gnade im eigenen Leben zu erkennen. Sie mögen nun besorgt sein wegen Ihres Kampfes, doch Sie brauchen nicht besorgt zu sein wegen Ihres Retters.

Gott trifft den Kern unserer Motivationen. Es geht ihm nicht darum, lediglich einen neuen Anstrich aufzutragen oder neue Regeln aufzustellen. Er will unseren Geist von Neuem formen und uns neue Werte schenken. Der wichtigste Teil unserer Person ist der, den niemand sieht außer Gott. Und dort will er sein Werk beginnen.

Denken Sie an die eine spezielle Sünde, die sich bei Ihnen nicht aus dem Mittelpunkt entfernen lassen will. Vielleicht ist es eine offenkundige Sünde wie Trunksucht, Drogensucht, Internet-Pornografie. Vielleicht haben Sie gewissse Wünsche und Vorstellungen, die manche lieber nicht hören sollten – oder sogar überhaupt niemand hören sollte. Oder vielleicht ist es auch eine Sünde des Geistes: Stolz, Furcht, Angst oder Bitterkeit. Was auch immer es sei – Gott kann Sie von dieser Sünde befreien. Sie können mit seiner Hilfe die Sünde aufspüren und – auch mithilfe des Leibes Christi, seiner Gemeinde – sie ausreißen und ausrotten. Die Sünde muss nicht die Herrschaft über Sie erlangen. Sie können sich darauf verlassen, dass Gott Sie nie von etwas fernhalten wird, was gut ist. Stattdessen beseitigt er – wenn Sie dazu bereit sind – das Böse und setzt etwas weit Besseres an seine Stelle. Er wird Ihre Festung niederreißen, damit er an ihrer Stelle einen Palast errichten kann.

Sind Sie bereit für eine solche Verwandlung? Das nächste Kapitel hilft Ihnen bei der Beantwortung dieser Frage.

Fragen zur Vertiefung

1. In Johannes 3,21 heißt es: »... wer aber die Wahrheit tut, kommt zu dem Licht ...« Machen Sie eine Bestandsaufnahme Ihres Lebens, legen Sie sich die Frage vor: Was ist bei mir die hartnäckigste Versuchung? Seien Sie ehrlich! Warum fällt es mir so schwer, zu dieser Versuchung »Nein« und zu Gott »Ja« zu sagen? In welchen Situationen haben Sie am häufigsten mit dieser Versuchung zu kämpfen? Was hoffen Sie zu gewinnen, wenn Sie diesen beunruhigenden Aspekt Ihres Lebens überwunden haben?

2. Lesen Sie die Geschichte von der Versuchung Jesu in der Wüste (Matthäus 4,1-11). Nennen Sie die Gründe, aus denen Christus auf die Vorschläge des Satans hätte eingehen können. Malen Sie sich aus, welche Folgen dies hätte haben können. Stellen Sie den Bericht dem Verhalten der Israeliten gegenüber, als sie Hunger litten (2. Mose 16; 4. Mose 11). Was können wir aus dem Gegensatz zwischen dem Sohn Gottes und den Israeliten lernen?

3. Ehe Sie das nächste Kapitel lesen, befassen Sie sich still in einem Gebet mit Ihren besonderen Versuchungen oder Sünden, die Ihnen durch den Kopf gehen. Bitten Sie Gott um Weisheit in den folgenden Bereichen:
   – die Ursachen Ihrer Niederlage richtig zu erkennen,
   – zu verstehen, dass Sie die Gnade bekommen haben, die ausreicht, um diese Angewohnheit oder hartnäckige Sünde zu überwinden.

4. Wenn Sie dieses Buch allein lesen, bitten Sie Gott, Ihnen einen oder zwei andere Menschen zu zeigen, mit denen Sie sich über Ihre Kämpfe austauschen können, oder laden Sie sie sogar ein, Sie auf Ihrer Reise durch dieses Buch zu begleiten.

5. Nehmen Sie sich in diesem Augenblick Zeit, Gott für das zu danken, was er in Ihrem Leben tut und noch tun wird, und vor allem dafür, wie er seine Macht und seine Gnade in Bezug auf Ihre Schwachstelle unter Beweis stellen wird.

Die Grundregeln

Wir sind so verzweifelt, dass wir *alles* versuchen, um unser Verhalten zu verändern! Vor Kurzem las ich, dass ein Pharma-Unternehmen versucht hat, eine Tablette zur Behandlung von Spielsüchtigen herzustellen. Doch die Tests haben gezeigt, dass Spielsüchtige, die diese Tablette einnahmen, keinen größeren Erfolg beim Kampf gegen ihre Sucht hatten als eine Kontrollgruppe, die Placebos einnahm. In dem Artikel stand auch, dass noch nie ein Medikament erfunden wurde, um Menschen von ihrer Spielsucht zu befreien – und auch noch nie zur Bekämpfung anderer Süchte, die auf ähnliche Weise Menschenleben ruinieren.

Doch zahllose Menschen können davon berichten, wie Gott ihr Leben verändert hat – aber es geschieht stets zu seinen Bedingungen. Ehe Sie Schritte zu einer grundlegenden Veränderung unternehmen, *müssen* Sie drei Grundvoraussetzungen akzeptieren. Wenn Sie zögern, auch nur eine von ihnen anzunehmen, werden Sie in der Befreiung von Ihrer sündhaften Gewohnheit keinen Fortschritt erleben. Was sind nun diese wesentlichen Punkte?

Glauben Sie, dass Gott gut ist

Als Erstes *müssen Sie daran glauben, dass Gott gut ist*. In der Welt ist so viel Böses, dass die Lehre von der Güte Gottes besonders schwer einleuchten will. Doch wenn wir nicht von ganzem Herzen daran glauben, sind wir in unserem Wachstum als Christen gelähmt.

Es überrascht nicht, dass Satan als ersten Schachzug im Garten Eden in Eva Zweifel an der Güte Gottes weckte. Seine Worte lauteten: »Ihr werdet durchaus nicht sterben, sondern Gott weiß, dass an dem Tag, da ihr davon esst, eure Augen aufgetan werden und ihr sein werdet wie Gott, erkennend Gutes und Böses« (1. Mose 3,4-5). Er wollte damit sagen: »Gott legt euch Beschränkungen auf, weil er nicht will, dass ihr eure höchsten Fähigkeiten zur Entfaltung bringt! Ihr habt das Recht, zu sein wie er. Doch er will das nicht zulassen – er ist selbstsüchtig und hat keinesfalls euer Bestes im Sinn.«

Satan überzeugte Eva davon, dass Gott sie davon abhalten wolle, ihre höchsten Fähigkeiten zur Entfaltung zu bringen – ihre Gottgleichheit, wenn Sie so wollen. Eva glaubte ihm diese Lüge.

Auch heute verfolgt Satan noch die gleiche Strategie: Er sät in uns Unzufriedenheit mit dem Willen Gottes für uns. Unser Zorn über Lebensumstände und unser Aufruhr gegen Gottes Gebote rühren von unserem mangelnden Vertrauen in die Güte Gottes. Die alleinstehende junge Frau fragt: »Wie kann Gott gut sein? Wenn er es wäre, würde er mir einen Lebensgefährten bescheren. Weiß er denn nicht, wie einsam ich bin?«

Der Playboy jammert: »Warum sollte Gott mir das Vergnügen beschränken? Wenn ich Hunger habe, esse ich. Wenn ich das Vergnügen haben will, dann steht mir Sex zur Verfügung. Ein Gott, der meinen Lebensstil verkrampft, ist nicht gut. Wenn er gut wäre, würde er dafür sorgen, dass ich jemanden finde, der mich wirklich zufriedenstellt.«

Der Alkoholiker klagt: »Wenn Gott gut wäre, würde er mir eine ordentliche Arbeit verschaffen. Schließlich war es doch wohl der finanzielle Druck, der mich zur Flasche getrieben hat, oder nicht? Gott ist gut? Gut *wofür* eigentlich?«

Einer Frau, die mich um Hilfe bat, riet ich, die Sünde der Verbitterung vor Gott zu beichten. Ihre Reaktion war: »Wenn Gott mich liebt, warum hat er dann zugelassen, dass meine Eltern mich so behandelt haben? Ein guter Gott hätte dies niemals geschehen lassen!« Sie konnte ihren Eltern nicht vergeben, weil sie Gott nicht »vergeben« konnte, dass er sie nicht beschützt hatte. Stattdessen entschied sie sich, ein Opfer ihrer Umstände zu sein.

Wenn Sie sich ständig Sorgen machen, zweifeln Sie an Gottes Güte und befürchten, er könne in Ihrem Leben Umstände zulassen, die nicht zu Ihrem Besten dienen. Wenn Sie gierig und habsüchtig sind, zweifeln Sie, ob Gott sich Ihnen gegenüber fair verhält, wenn er Ihnen nicht all das gibt, was andere haben und woran sie sich erfreuen. Wenn Sie von unbeherrschtem Zorn erfüllt sind, dann lehnen Sie sich gegen Gottes Willen für Ihr Leben auf.

Nehmen Sie die Sünde unter die Lupe, die Sie nicht aufgeben wollen! In den Wurzeln Ihres Eigensinns gedeiht Ihr Zweifel an Gottes Güte. Warum haben Sie kein Vertrauen, dass er das Beste für Sie will? Weil Ihnen *Ihr eigener Weg* als besser erscheint.

Für einen Augenblick wollen wir noch einmal in den Garten Eden zurückkehren. Achten Sie darauf, wie Satan sich auf die einzige Einschränkung konzentrierte und dadurch den Blick Evas für die Wohltaten Gottes blendete. Gewiss, es gab da einen Baum, von dem sie nicht genießen konnte, aber zweifellos standen Hunderte im Garten, an denen sie sich laben durfte. Wies Satan auf diese zahllosen Bäume hin, von denen sie essen durfte? Wohl kaum. Er lenkte das Augenmerk auf einen Negativpunkt, und Eva vergaß Gottes Großzügigkeit und Güte. So geschieht es auch heute. Satan drängt Sie, sich auf das eine Problem, die eine Beschwernis oder Beschränkung zu konzentrieren. In diesem Augenblick versucht er, Sie davon zu überzeugen, dass Gottes Weg für Sie nicht der beste ist, sondern nur das Zweitbeste beinhaltet, wenn Sie bedenken, was er Ihnen geben könnte … oder was Sie sich selbst geben würden.

Daher muss ich Sie fragen: Zweifeln Sie an der Güte Gottes? Sind Sie in jeder Hinsicht bereit, zu akzeptieren, dass Gottes Wille vollkommen und annehmbar ist? Wenn er Sie von Ihren auf das Sexuelle bezogenen Gedanken befreien würde, fühlten Sie sich dann betrogen? Wenn er Ihnen die Freuden einer Ehe vorenthielte, würden Sie sich beraubt vorkommen? Wenn Sie den Sieg über Zigaretten oder Alkohol davontrügen, würden Sie dann grollen, weil Ihnen ein Stückchen Vergnügen genommen wurde?

Verstehen Sie nun, warum Sie nur dann mit Ihrer sündhaften Gewohnheit brechen können, wenn Sie an die Güte Gottes glauben? Der Grund ist einfach: Wenn Sie nicht an Gottes Güte glauben, dann wollen Sie Gott nur um Hilfe bitten, wenn Sie sich in einer Zwickmühle befinden, jedoch alle Optionen offen halten für die Zeit, in der scheinbar wieder alles in Ordnung gekommen ist. Sie sind dann überzeugt, Gott wolle Sie berauben und nicht etwa reicher machen, wenn er dauerhafte Veränderungen in Ihrem Leben oder Ihrer Lebensweise schenkt.

Ich habe festgestellt, dass das schwierigste Problem bei der Seelsorge an den meisten Menschen einfach darin liegt, dass sie sich eigentlich nicht ändern wollen. Natürlich sind sie bereit, kleinere Berichtigungen vorzunehmen – vor allem, wenn ihr Verhalten sie in Schwierigkeiten bringt. Doch die meisten leben recht bequem mit ihrer Sünde, solange sie ihnen nicht aus der Hand gleitet. Oft genug würden sie es vorziehen, wenn Gott seine Aktivität in ihrem Leben auf ein Minimum beschränken würde.

Woher kommt nun dieser Mangel an Begeisterung für eine Befreiung von der Sünde? Wir befürchten, dass uns irgendein erstrebenswert erscheinendes Vergnügen entgeht. Wir stellen infrage, ob Gottes Weg wirklich der beste für uns ist. Wenn Sie an Gottes Güte zweifeln, dann werden Sie nicht nur widerstreben, sich zu ändern, sondern sich sogar davor fürchten. Ein junger Mann, den ich beraten habe, konnte einfach nicht seine Zukunft in Gottes Hand legen, weil er fürchtete, Gott könne von ihm verlangen, sein Medizinstudium aufzugeben. Er bezweifelte, dass Gottes Wille das Beste für ihn wäre.

Zahllose Christen wollen sich Gott nicht ganz hingeben, denn sie fürchten sich vor dem, was Gott vielleicht von ihnen fordern werde. Er könnte sie auf ein Missionsfeld führen, für sie ein alleinstehendes Leben vorsehen oder von ihnen die Aufgabe ihrer Liebe zum Geld oder sündhafter Vergnügungen verlangen.

Wenn Sie an Gottes Güte zweifeln, dann pressen Sie Ihre Sünde fest an sich aus Furcht, Gott könne Sie Ihrer Stütze, Ihres Zeitvertreibs, Ihres Vergnügens berauben. Gelegentlich bewegt Sie vielleicht etwas zu dem Vorsatz, Ihre Sünde aufzugeben, doch bald stellen Sie fest, dass Sie den Verlust nicht riskieren können.

Doch ist Ihr Weg wirklich besser als der Weg Gottes? War Satan wirklich der Gute im Garten Eden? Und Gott vielleicht der Schurke? Jesus hat die Dinge ins rechte Licht gerückt mit seinen Worten: »Der Dieb kommt nur, um zu stehlen und zu schlachten und zu verderben. Ich bin gekommen, damit sie Leben haben und es in Überfluss haben« (Johannes 10,10). Wenn Sie meinen, Ihr Weg sei besser als der Weg Gottes, dann stellen Sie sich auf die Seite Evas und glauben die Lüge Satans. Gleichgültig, welche Vergnügungen er Ihnen bietet: Seine endgültige Absicht ist, Sie zu ruinieren. Ihre Zerstörung hat für ihn die oberste Priorität!

Wenn Sie andererseits die Tatsache akzeptieren, dass Gott gut ist, dann ergeben sich daraus zwei Konsequenzen: 1. Sie können sich ihm vorbehaltlos ausliefern, ohne befürchten zu müssen, Sie würden übers Ohr gehauen; 2. Sie werden sich nach einer Veränderung sehnen, denn Sie werden wissen, dass alle Brunnen der Welt keinem Vergleich standhalten mit dem lebendigen Wasser, das Christus verheißt.

Sind Sie bereit, sich bedingungslos, vorbehaltlos und ohne sich eine Hintertür offen zu halten, ganz Gott hinzugeben? Wie attraktiv auch immer Ihre hartnäckige Sünde Ihnen erscheint: Sind Sie bereit, sich von Gott zeigen zu lassen, dass sein Plan vollkommen ist? Wenn Sie es sind, dann schließt das die Bereitschaft ein, sich von Ihrer Sünde zu trennen in der Gewissheit, dass Gott sie durch etwas Besseres ersetzen wird. Sie haben die erste Prüfung als Kandidat für eine radikale Veränderung bestanden.

Seien Sie sich bewusst:
Sie tragen die Verantwortung für Ihr Handeln

Wie lautet nun die zweite wesentliche Wahrheit, die Sie anerkennen müssen? Antwort: Als Erwachsener *sind Sie für Ihr Verhalten und Ihre innere Einstellung voll verantwortlich.* Wir alle sind mit der Neigung geboren, Tadel zu umgehen. Kinder legen eine bemerkenswerte Fähigkeit an den Tag, Verantwortung auf andere abzuschieben. Meine Frau und ich haben beobachtet, dass unsere Kinder spontan, kreativ, ja auf beinahe geniale Weise Ausreden für Unarten erfinden können.

Bloßgestellt zu werden, ist eine schmerzhafte Erfahrung. Deshalb werden wir Experten darin, uns selbst zu schützen, indem wir die Tatsachen etwas anders darstellen, sodass wir uns besser darstellen können, als wir in Wahrheit sind. Dieses Spiel – dass wir uns vor uns selbst und vor den Folgen unserer Handlungen verstecken wollen – ist die Folge der Tatsache, dass wir mit einer sündigen Natur geboren wurden, doch es zu spielen, passt nicht mit dem überein, wozu Christus uns auffordert, wenn wir ihm nachfolgen wollen.

Das begann schon im Garten Eden. Gott fragte Adam: »Hast du gegessen von dem Baum, von dem ich dir geboten habe, nicht davon zu essen?« (1. Mose 3,11). Adam antwortete auf diese direkte Frage, die mit einem einzigen Wort, nämlich »Ja«, hätte beantwortet werden können: »Die Frau, die du mir beigegeben hast, sie gab mir von dem Baum, und ich aß« (1. Mose 3,12). Was Adam wirklich sagte, war: »Es ist dein Fehler – ich habe diese willensschwache Frau am Hals, die du geschaffen hast.«

Man beachte Adams Logik. Gott schuf die Frau, die Frau aß von der Frucht und gab dann ihrem Mann davon. Adam bildete sich also ein: Wenn Gott Eva nicht erschaffen oder Eva Gott nicht den Gehorsam verweigert hätte, dann hätte er – Adam – auch nicht gesündigt. Daher könne ihn doch kein Vorwurf treffen. In Bezug auf die Übernahme von Verantwortung machte Eva keineswegs eine bessere Figur. Sie sagte: »Die Schlange betrog mich, und ich aß« (Vers 13b). Auch sie war nicht verantwortlich. Niemand war verantwortlich; es war Gottes Schuld.

Wirklich? Gewiss, Gott schuf den Baum, die Frau, den Mann und sogar Luzifer, der zum Teufel wurde. Gott hätte sicher einen Garten ohne diesen verbotenen Baum erschaffen und der Schlange den Zugang verwehren können. Ja, ein souveräner Gott hätte alles anders machen können. Aber *Eva traf eine Entscheidung, und Adam traf ebenfalls eine Entscheidung*, und so mussten sie die volle Verantwortung für ihre Entscheidung tragen. Auch die Schlange bekam ihren Teil – jeder traf eine Entscheidung, und jeder verdiente Tadel. Im Garten Eden wurde die Frage der Verantwortung des Menschen ein für alle Mal geklärt: Jeder Einzelne muss die Verantwortung für seine Entscheidungen treffen.

Ein prominenter Amerikaner sagte über den Mörder Robert Kennedys: »Ich werfe ihm keine Schuld vor; die Gesellschaft, die ihn hervorgebracht hat, ist schuld.«

Es ist wohl kaum eine Übertreibung nötig, will man den Schaden beschreiben, der durch Sigmund Freuds Lehre angerichtet wurde, Fehlverhalten sei ein Zeichen von Krankheit. Wir ziehen die Menschen nicht zur Verantwortung, weil sie Grippe, Masern oder Krebs bekommen. Für die körperlich Kranken haben wir Krankenhäuser, nicht Gefängnisse – weil sie keine moralische Schuld an ihrer Krankheit tragen. Es liegt auf der Hand, Sigmund Freud so zu deuten: Wenn Menschen nicht verantwortlich sind für physische Krankheiten, warum sollten sie dann schuld sein für ihr Suchtverhalten? Wenn man behauptet, ein Vergewaltiger, Mörder oder Dieb sei krank, dann ergibt sich der Schluss, dass er keiner Bestrafung unterworfen werden sollte. Schließlich hat er sich einfach eine sonderbare Krankheit zugezogen – er ist das Opfer von Kräften, die jenseits seiner Kontrolle liegen.

Vor Kurzem sahen meine Frau und ich ein Interview mit einem Arzt, der die Meinung vertrat, seltsame Verhaltensweisen rührten von unserem Geburtserlebnis her. Wenn ein Baby in einem lauten, hellen und anscheinend unfreundlichen Kreißsaal zur Welt kommt, dann wird dieser Mensch in seinem Erwachsenenleben eine feindselige Einstellung entwickeln. Daraus folgt, dass man ihm aus seiner Feindseligkeit keinen Vorwurf machen darf.

Wenn ein Teenager sich in Schwierigkeiten befindet, dann sind die Eltern schuld – sie waren entweder zu streng oder zu nachgiebig. Vielleicht war es aber auch die Umwelt – er wuchs in einem wohlhabenden Elternhaus auf. Jedermann weiß, dass Reichtum Langeweile erzeugt, und Langeweile erzeugt Verbrechen. Umgekehrt trifft ihn auch keine Verantwortung, wenn er aus einem armen Elternhaus kommt – Armut treibt den Menschen zu Drogen, Sex und Kriminalität. Selbst im Gefängnis findet man nur schwer einen Menschen, der sich für schuldig hält.

Es stimmt, dass wir mit einer Neigung zum Sündigen geboren werden. Wir sind von Natur »Kinder des Zorns« (Epheser 2,3), und deshalb geben wir uns unseren schlimmsten Neigungen hin, wenn uns keine Beschränkungen auferlegt werden. Doch nur wenn wir unsere Unfähigkeit erkennen, werden wir Gott um Hilfe bitten.

Nehmen wir zum Beispiel das Problem der sexuellen Gebundenheit. Ein Mann, dessen spezielle Sucht die Form von Homosexualität angenommen hatte, berichtete mir, seine abnormen Wünsche hätten während der Pubertät begonnen, jedoch nicht durch Verbindung zu einem praktizierenden Homosexuellen. Es seien eher ungesunde Faktoren in seinem Elternhaus gewesen, die zu perversem Denken und Verhalten führten, sodass dieser Junge in der Vorstellung heranwuchs, er sei homosexuell geboren. Mit seinen Worten: »vorherbestimmtes Schicksal«.

Kann er von seiner sexuellen Gebundenheit frei werden? Nicht, wenn er seine Umwelt oder seine Gene für seine Handlungen verantwortlich macht. Dieser Mann veränderte sich tatsächlich. Hören Sie seine Worte: »Jahrelang war ich davon überzeugt, ich könnte mich niemals ändern, weil ich von der Veranlagung her und nicht durch freie Entscheidung homosexuell sei. Ich übernahm keine Verantwortung für mein Verhalten. Doch als ich begann, die Heilige Schrift zu lesen, da begann ich auch zu glauben, dass Gott mich verändern könne. Den ersten Schritt in diese Richtung tat ich, als ich volle Verantwortung für mein homosexuelles Verhalten übernahm. Keine Ausflüchte, keine Alibis.«

Wenn ein Verhalten als »Sünde« erkannt und bezeichnet wird, dann besteht die Chance zur Befreiung. Denn Jesus kam, um »Sünder« zur Buße zu rufen. Jay Adams drückte dies so aus: »Homosexualität beispielsweise eine Krankheit zu nennen, hebt die Hoffnung des Patienten nicht. Wenn man aber Homosexualität eine Sünde nennt, wie es die Bibel tut, dann wird damit Hoffnung angeboten.« Alkoholiker sind bekannt dafür, dass sie die Verantwortung für ihr Verhalten umgehen. Die Frau, ein Chef, ihre Freunde oder Nachbarn werden beschuldigt. Die Bibel lehrt uns jedoch, dass jeder Mensch verantwortlich ist. Niemand bringt Sie dazu, häufig Ihre Sexualpartner zu wechseln, oder verschafft Ihnen ein Magengeschwür. Es ist natürlich richtig, dass der Missbrauch durch andere und die Untreue anderer Auslöser für sündige Verhaltensmuster sein können. Doch es ist definitiv so – besonders, wenn wir erwachsen sind –, dass wir die volle Verantwortung für unsere Reaktionen auf Ereignisse in unserer Vergangenheit und unsere Umstände tragen müssen. Und selbst in jenen Augenblicken, in denen wir durch scheinbar unbeherrschbare Leidenschaften getrieben werden, treffen wir eine Entscheidung. Daher können wir uns auch genauso gut entscheiden, Gott seinen Weg mit uns gehen zu lassen.

Selbstverständlich müssen wir, wie ich schon angedeutet

habe, behutsam sein, wenn wir über diese Dinge sprechen. Manche Menschen sind verhaltensgestört, weil sie körperliche und seelische Misshandlungen erduldet haben. Andere leben ein Leben in Sünde wegen der verdrehten Wertvorstellungen ihrer Eltern. Bis zu einem gewissen Grad sind wir alle ein Produkt von Vererbung und Umwelt. Doch selbst wenn wir diese Dinge in Betracht ziehen, tragen wir Verantwortung. Wir wissen, dass selbst eine zivilisierte Gesellschaft nicht lange bestehen kann, wenn der Einzelne die Verantwortung für seine Handlungen ablehnt. Wir alle sind jemandem Rechenschaft schuldig: der Familie, dem Arbeitgeber, der Gesellschaft, der Gemeinde und letzten Endes Gott. Jeder erwachsene Mensch muss endlich aufhören, die Schuld auf Umstände oder andere Menschen zu schieben, und anfangen, die volle Verantwortung für seine Reaktionen auf Ereignisse in seiner Vergangenheit zu übernehmen, wie traumatisch auch immer dies sein mag.

Wenn wir aufhören, uns zu verstecken, und stattdessen die Verantwortung für unsere Sünde übernehmen, dann stellen wir fest, dass wir nun ein Anwärter auf Gottes Barmherzigkeit und Macht sind. Ein Freund von mir drückte es einmal so aus: »Gott heilt manchmal Krankheiten, aber für die Sünde hat er eine sichere Heilung.« Die Übernahme der Verantwortung stellt auch unsere von Gott gegebene Würde wieder her. Gott erschafft uns nicht als Opfer unserer Lebensumstände oder als Sklave unserer genetischen Zusammensetzung. Wir können uns über unsere Vergangenheit erheben – wie auch immer sie aussehen mag – und in eine Zukunft hineingehen, die von Gottes Gnade geformt wird.

Wie Adam, der versuchte, die Verantwortung für seine Sünde abzugeben, indem er sagte: »Die Frau, die du mir beigegeben hast …«, sind wir alle versucht zu sagen: »Die Eltern, die du mir gabst …«, oder: »Die Freunde, die du mir gabst …«, oder: »Die Gefühle, die du mir gabst …« Viele Menschen geben ein kleines Vermögen für professionelle Beratung aus, um Probleme in den

Griff zu bekommen, die sie selbst hätten lösen können, wenn sie zur Annahme der Verantwortung für ihre Handlungen bereit gewesen wären und sich dann Gottes Veränderungsprogramm, wie wir es in der Bibel finden, unterworfen hätten.

Wenn wir uns weigern, unsere Verantwortung zu tragen, werden wir nicht durch die biblischen Wahrheiten verändert werden, durch die Gott uns verändern möchte. Weil Gott uns liebt und uns annimmt, brauchen wir nicht länger anderen etwas vortäuschen, ihnen imponieren oder sie beeindrucken. Weil wir geliebt werden, können wir ehrlich dazu stehen, was wir sind; weil wir angenommen sind, können wir zulassen, dass Gott uns verändert in der starken Gewissheit, dass wir seine Hilfe unsagbar nötig haben. Das Verstecken muss ein Ende haben, und der Furcht vor der Wahrheit müssen wir die Gegenwart eines liebenden Gottes entgegenstellen, der für uns sorgt.

Wenn Sie sich nun immer noch drehen und winden und vielleicht denken, ich verstünde nicht, wie schlimm Sie misshandelt wurden oder warum Ihre Situation einzigartig ist, dann haben Sie aller Wahrscheinlichkeit nach die zweite Grundvoraussetzung für eine grundlegende Charakterveränderung durch Gottes Hilfe nicht erfüllt. Nur ein Mensch, der bekennt: »Ich habe gesündigt«, kann mit Gottes Barmherzigkeit und Gnade zur Veränderung rechnen.

Vertrauen Sie seiner Gnade

Wenn Sie die beiden ersten Grundvoraussetzungen erfüllt haben, dann bleibt Ihnen noch eine weitere Aussage, die Sie vor Beginn Ihrer Arbeit an der Überwindung jener hartnäckigen Gewohnheit akzeptieren müssen. Sie lautet ganz einfach: *Sie müssen daran glauben, dass eine Befreiung möglich ist.* Gott verhieß Adam und Eva, die so tief greifend gesündigt hatten, dass Satans Macht zerbrochen werde. Er kündigte der Schlange an: »Und ich werde

Feindschaft setzen zwischen dir und der Frau und zwischen deinem Samen und ihrem Samen; er wird dir den Kopf zermalmen, und du wirst ihm die Ferse zermalmen« (1. Mose 3,15). Die Botschaft war eindeutig: Satan würde weiterhin große Probleme auf der Erde bereiten – bis Gott ihn ein für alle Mal durch Jesus, den Samen [= Nachkommen] der Frau, überwunden haben wird. Und wegen des Werks, das Jesus auf Golgatha für uns vollbracht hat, ist ein Sieg über die Sünde für jeden Menschen, der Jesus in Bezug auf seine Rettung und Befreiung vertraut, in den Bereich des Möglichen gerückt.

Vor allen anderen Dingen ist das Neue Testament ein Buch der Hoffnung. Es berichtet im Einzelnen, wie Gott seine Verheißungen erfüllte. Es gibt keine Sünde – nein, keine einzige –, an der Sie notwendigerweise zerbrechen müssten. Gott hat auf dramatische Weise für einen Ausweg gesorgt: »Keine Versuchung hat euch ergriffen als nur eine menschliche; Gott aber ist treu, der nicht zulassen wird, dass ihr über euer Vermögen versucht werdet, sondern mit der Versuchung auch den Ausgang schaffen wird, sodass ihr sie ertragen könnt« (1. Korinther 10,13). In diesem Vers erkennen wir zwei Tatsachen:

Erstens kann man sich nicht darauf berufen, dass der eigene Fall einzigartig ist. Gewiss: Keine zwei Situationen sind sich völlig gleich, doch die grundsätzlichen Kämpfe gegen die Leidenschaften der Welt, Ihre sündhafte Natur und den Satan sind die gleichen Kämpfe, die auch andere zu bestehen hatten. Sie können sich mit der Tatsache trösten, dass Sie eine Versuchung erleben, der sich auch ein anderer schon gegenübersah und sie erfolgreich bezwang. Joseph ist der Lust nicht erlegen, Mose überwand den Stolz und Elia die Depression.

Doch wie steht es mit Menschen, die tiefer sitzenden Sünden wie Abgötterei, Ehebruch, Homosexualität, Trunksucht oder Kleptomanie verfallen sind? Die neutestamentliche Gemeinde in Korinth hatte solche Menschen in ihren Reihen, die von ihrer Sünde befreit wurden. »Und solches sind einige von euch gewesen; aber ihr seid abgewaschen, aber ihr seid geheiligt, aber ihr seid gerechtfertigt worden in dem Namen des Herrn Jesus und durch den Geist unseres Gottes« (1. Korinther 6,11). Ihre Situation ist also nicht einzigartig. Jemand hat schon vor Ihnen Ihr Problem erfolgreich gemeistert.

Zweitens bekräftigte Paulus, dass Gott Ihnen die Mittel verleiht, mit allen Versuchungen fertig zu werden. Ein treuer Gott erwartet von Ihnen nichts, was Sie nicht vollbringen könnten. Er gibt Ihnen auch die notwendige Kraft dazu. Erinnern Sie sich an die Geschichte von der Schlacht zwischen den Kindern Israel und Amalek? Als die Zeit für die Schlacht herankam, sagte Mose: »... morgen will ich auf dem Gipfel des Hügels stehen mit dem Stab Gottes in meiner Hand. ... Und es geschah, wenn Mose seine Hand erhob, so hatte Israel die Oberhand, und wenn er seine Hand ruhen ließ, so hatte Amalek die Oberhand. Und die Hände Moses wurden schwer. Da nahmen sie einen Stein und legten diesen unter ihn, und er setzte sich darauf; und Aaron und Hur unterstützten seine Hände, hier einer und dort einer; und so waren seine Hände fest, bis die Sonne unterging.« Nach dieser Schlacht baute Mose »einen Altar und und gab ihm den Namen: ›Der Herr, mein Banner!‹« (2. Mose 17,9-15).

Wenn Sie ernstlich daran zweifeln, das, was Sie tun sollten, auch wirklich vollbringen zu können, dann brauchen Sie die Unterstützung von anderen Gläubigen. Sie brauchen jemanden, der Ihre schwachen Arme emporhält, der Ihnen hilft, auf geradem Wege zu gehen, der tröstet, Kraft spendet und für Sie betet. Wenn Sie jedoch sagen: »Ich kann nicht«, und es dabei bewenden lassen, dann stellen Sie die Glaubwürdigkeit Gottes beziehungsweise die Gültigkeit Ihres eigenen Glaubens infrage.

Warum ist es für Sie von so grundlegender Bedeutung, einen Sieg über die Sünde für möglich zu halten? Ganz einfach: Weil *niemand einen Krieg gewinnen kann, wenn er zweifelt, dass ein Sieg zu erreichen ist!* Wer in die Schlacht zieht und schon im Voraus einen dauerhaften Sieg für ausgeschlossen hält, der ergibt sich dem Feind praktisch schon vor Beginn des Feldzugs.

Wir Christen haben schon häufig dem Feind das Feld geräumt durch die Vorstellung, irgendeine Sünde könne nicht beseitigt werden. Ein solcher Ungehorsam erzeugt Pessimismus, Ungehorsam und Verzweiflung. Das Neue Testament lehrt uns hingegen: »… dem Glaubenden ist alles möglich« (Markus 9,23).

Nennen Sie Ihre Sünde jetzt und hier beim Namen und sprechen Sie: »Ich danke dir, Gott, dass eine Befreiung davon möglich ist!« Gott hat eine reichhaltige Erfahrung darin, sein Volk von der Versuchung zu befreien – sogar von *Ihrer* Versuchung! Petrus schreibt: »… so weiß der Herr die Gottseligen aus der Versuchung zu retten, die Ungerechten aber aufzubewahren auf den Tag des Gerichts, damit sie bestraft werden« (2. Petrus 2,9).

Sind Sie bereit zu glauben, dass Gott gut ist? Dass Sie ein Mensch mit eigener Verantwortung sind? Dass Gott Ihnen helfen kann, den Sieg über Ihre hartnäckige Sünde zu erlangen? Wenn ja, dann machen Sie sich bereit, denn Gott möchte ein machtvolles Werk der Veränderung in Ihrem Leben vollbringen.

Fragen zur Vertiefung

1. In diesem Kapitel werden drei Grundvoraussetzungen herausgearbeitet, die Sie akzeptieren müssen, wenn Sie zu Ihren Versuchungen »Nein« sagen wollen – und es auch so meinen. Sie müssen a) glauben, dass Gott gut ist, b) verstehen, dass Sie die volle Verantwortung für Ihr Verhalten übernehmen müssen, und c) glauben, dass Befreiung möglich ist. Wo genau stehen Sie in diesem Augenblick in Bezug auf diese drei Grundvoraussetzungen? Was – wenn es denn etwas geben sollte – hält Sie davon ab, diese Wahrheiten von ganzem Herzen zu glauben? Schauen Sie sich die folgenden Verse an und denken Sie über die Möglichkeiten nach, wie Sie ihren Inhalt auf Ihr Leben anwenden können: Lukas 1,37; Johannes 8,32 und Hebräer 3,12. Bitten Sie andere, für Sie zu beten, dass Sie der Sünde dauerhaft widerstehen können.

2. Ohne Zweifel wandte David einige Zeit auf, um Ausreden für seine Sünde mit Bathseba zu finden, zum Beispiel, dass unerwartete Umstände ihn dazu führten, sie zu einer Zeit zu bemerken, als ihr Mann nicht in der Stadt war. Gott hätte diese Umstände steuern können. Lesen Sie Davids Bußgebet in Psalm 51, und überlegen Sie sich folgende Fragen: Welche Beweise gibt es dafür, dass David schließlich die volle Verantwortung für das übernahm, was er getan hatte? Welche Beweise gibt es dafür, dass David erkannte, dass Sünde etwas weit Ernsteres ist, als sich nur um die Frage zu drehen, ob man jemanden verletzt? Lesen Sie nun Römer 1,18-32. Verfolgen Sie die Spirale der Sünde und stellen Sie sich die Frage: Warum ist der Mensch verantwortlich für sein Verhalten?

3. Welche Sünde ist Ihrer Meinung nach am schwersten zu überwinden? Warum wohl versäumen wir es so oft, uns die Hilfsquellen Gottes nutzbar zu machen?

4. Versuchen Sie, biblische Beispiele von Menschen zu finden, die der Versuchung erfolgreich widerstanden haben. Warum war ihnen Erfolg beschieden? Gibt es heute irgendwelche Menschen in Ihrem Umfeld, die derselben Versuchung erfolgreich widerstanden haben? Wenn ja, wie können Sie deren Unterstützung und Ermutigung in Ihren eigenen Kämpfen gewinnen?

5. Nehmen Sie sich jetzt einen Moment Zeit und danken Sie Gott für die Bereiche in Ihrem Leben, in denen Sie schon Siege erleben. Bitten Sie ihn, Ihnen solche Siege dann in Erinnerung zu rufen, wenn Sie gegen andere sündige Verhaltensweisen kämpfen.

Die Bewältigung der Vergangenheit

Unter allen traurigen Worten von Zunge oder Feder sind die traurigsten diese: »Hätte ich nur …«
John Greenleaf Whittier

»Hätte ich nur …« – das holt Menschen immer wieder ein. Wir alle kennen die Pein der Reue. Gleichgültig, wie unsere Vergangenheit aussieht: Wir wissen alle um mindestens eine Sache, von der wir wünschten, sie anders gemacht zu haben: »Hätte ich doch nur auf meine Eltern gehört …« / »Hätte ich mir doch nur andere Freunde ausgesucht …« / »Wäre ich doch nur nicht mit diesem Mann ausgegangen …« und so weiter.

Sie müssen sich mit Ihrer Vergangenheit auseinandersetzen, ehe Sie in der Zukunft die Freiheit erfahren. Die Sünde, die Sie heute beschwert, hat ihre Wurzeln gestern in Ihr Leben gesenkt. Sie können mit Ihren sündhaften Gewohnheiten nicht brechen, ohne einen neuen Anfang zu machen.

Satan nutzt besonders geschickt Ihre Vergangenheit, um Ihre Zukunft zu ruinieren. Seine Waffe ist der unzulässige Gebrauch der Schuldgefühle. Auf dem Boden der Entmutigung vermehren sich die Sünden. Ein Verstoß führt leicht zum nächsten. Erkennen Sie an, dass Ihre Vergangenheit nicht unbedingt Ihre Zukunft steuern muss. Sonst verfangen Sie sich in einem Teufelskreis. Gott verheißt einen neuen Anfang.

Als ich in Kanada die Grundschule besuchte, da spielten wir oft »Fuchs und Gans« auf dem frischen, sauberen Schnee des Schulhofs. Nach etwa einer Viertelstunde verliefen die Spuren so durcheinander, dass wir zu einem unberührten Stück Schnee weiterzogen und in dem glitzernden Weiß neue Spuren anlegten. Bald mussten wir wieder weiterziehen, dann wieder, immer auf der Suche nach einem frischen, neuen Anfang.

Danach machte ich eine Beobachtung, die sich mir tief eingeprägt hat. Wenn wir eine neue Spur getreten hatten, waren alle Kinder ängstlich darauf bedacht, nicht darüber hinaus zu geraten, doch wenn die Spur breit und verwischt war, gaben wir weniger acht, das Muster im Schnee nicht zu verderben. Nach zehn Minuten ruppigem Spiel kümmerte es uns nicht mehr, wie die Spur aussah. Wir brachten sogar absichtlich die Spielfläche in einen möglichst unordentlichen Zustand.

Was für ein Bild von der Menschheit! Ich denke da an eine junge Christin, die den aufrichtigen Wunsch hatte, Gott zu dienen. Sie führte ihr Leben klug, ehrbar und moralisch. Doch entgegen ihrer Absicht erlag sie der sexuellen Versuchung. Sie wurde daraufhin überwältigt von Schuldgefühlen und von der Erkenntnis, dass sie ihre Jungfräulichkeit niemals mehr wiedererlangen könne. In der Vorstellung, ein neuer Anfang sei unmöglich, schlug sie alle Bedenken in den Wind und suchte sexuelle Befriedigung bei allen möglichen Partnern. Als sie schließlich schwanger wurde, wusste sie nicht einmal, wer der Vater ihres Kindes war.

So geht es vielen, die sich von der einen oder anderen Sünde einfangen lassen. Sündige Gewohnheiten haben einen Domino-Effekt: Hat man erst einmal damit angefangen, dann ist man leicht geneigt, beliebig oft weiterzumachen. Deshalb bezweifeln viele Christen, ob Gott sie wirklich verändern kann. Sie meinen, wegen ihrer Vergangenheit könnten sie auch in Zukunft nicht anders leben.

Satan hat seine Freude an dieser Art von Logik. Er möchte uns einreden, dass wir zu weit gegangen sind, dass wir gleich den Kampf aufgeben können, weil Vergangenes nicht ungeschehen gemacht werden kann. Der schottische Prediger James Stalker schrieb: »Der große Versucher der Menschen hat zwei Lügen, mit denen er uns auf zwei Ebenen bedrängt. Ehe wir gefallen sind, sagt er uns: ›Einmal ist keinmal‹, wir könnten uns davon leicht wieder erholen. Sind wir aber erst einmal gefallen, dann sagt er uns, es sei hoffnungslos, wir seien der Sünde verfallen und brauchten gar nicht erst versuchen, wieder aufzustehen.«

Stalker fährt fort mit der Feststellung, dass beide Vorstellungen falsch sind. *Eine Sünde spielt sehr wohl eine Rolle.* Selbst durch einen einzigen Fall können Sie etwas verlieren, was nie wieder zu erlangen ist. Ein kostbares Gefäß kann zerbrechen und wieder zusammengeklebt werden, aber es ist nie wieder das gleiche wie vorher. Außerdem führt eine Sünde zu weiteren Sünden. Es ist, als wolle man einen Eisberg hochklettern: Man rutscht immer wieder ab.

Wenn Sie aber tatsächlich fallen, dann müssen Sie Satans zweite Lüge von sich weisen, es sei nutzlos, sich wieder zu erheben. Er möchte Ihnen einreden, es gebe keinen Weg, die Macht sündhafter Gewohnheiten zu brechen.

Gibt es für Sie einen neuen Anfang? In gewissem Sinne nein, denn Ihre Vergangenheit können Sie nicht ein zweites Mal erleben. Jungfräulichkeit lässt sich nicht wiederherstellen. Eine durch Drogen, Nikotin oder Fresssucht ruinierte Gesundheit bleibt angeschlagen. Manche zerrütteten Familien lassen sich nicht wieder in Ordnung bringen. Sogar Sünden, die schon vergeben sind, können oft noch schlimme Folgen haben. Doch in einem tieferen Sinne gibt es durchaus einen neuen Anfang. Gott bietet hierzu zwei wertvolle Gaben: 1. echte Vergebung und Tilgung all Ihrer Sünden – der vergangenen, gegenwärtigen und zukünftigen; und 2. die Gewissheit, dass Ihre Vergangenheit nicht Ihre Zukunft beherrschen muss. Der Teufelskreis der Sünde darf durchbrochen werden. Sie dürfen sich wieder erheben.

Lesen Sie Gottes Verheißung für ein Volk, das von Gewalt, Betrug und Bosheit besessen war: »Kommt denn und lasst uns miteinander rechten, spricht der Herr. Wenn eure Sünden wie Scharlach sind, wie Schnee sollen sie weiß werden; wenn sie rot sind wie Karmesin, wie Wolle sollen sie werden« (Jesaja 1,18).

Eine unordentliche Spur bei »Fuchs und Gans« lässt sich zwar nicht mehr herrichten, aber sie kann von einer frischen Schneedecke zugedeckt werden. Die verdorbenen Pfade, die beschmutzten Plätze in Ihrem Leben können mit Vergebung bedeckt werden. »... eure Sünden ... sollen weiß [wie Schnee] werden.« Auch Sie haben die Möglichkeit für einen neuen Anfang.

Die Folgen der Schuld

Eine Auseinandersetzung mit der Vergangenheit ist eine Auseinandersetzung mit der Schuld. Schuldgefühle können wie ein Mühlstein um den Hals einen Menschen belasten und ihn an seine Sünden und an früheres Versagen ketten. Manchmal kann Ihr Gewissen Sie plagen und die Sünden der Vergangenheit immer wieder in lebhaften Einzelheiten vorführen. Vielleicht haben Sie auch einfach ein unbestimmtes Schuldgefühl, einen starken Verdacht, dass Sie wieder einmal versagt haben und im Himmelreich immer ein Bürger zweiter Klasse sein werden.

Mit der Schuld zu leben, das ist, als wolle man mit angezogenen Bremsen Auto fahren. Schuldgefühle können zahlreiche ernste Folgen haben.

Körperliche Krankheiten werden oft durch unterdrückte Schuld hervorgerufen. Manche Ärzte schätzen, dass fast die Hälfte ihrer Patienten entlassen werden könnte, wenn ihnen mit Vollmacht zugesagt würde: »Dir ist vergeben.« Der christliche Psychologe Gary Collins schrieb: »Allein der Energieaufwand, der nötig ist, um die Schuld aus dem Bewusstsein fernzuhalten, kann den Körper belasten und zu einem Zusammenbruch führen.«

Ungelöste Schuld verursacht Depression. Hoffnungslosigkeit und Minderwertigkeitsgefühle werden durch das nagende Gefühl erzeugt, wieder einmal »schwach geworden« zu sein, und weil die Vergangenheit nicht ungeschehen zu machen sei, habe es wenig Sinn zu versuchen, ein nützliches Leben zu führen.

Schuld ist oft die Ursache für mangelnden Glauben an Gott. In 1. Johannes 3,21 heißt es: »Geliebte, wenn unser Herz uns nicht verurteilt, so haben wir Freimütigkeit zu Gott.« Ich habe in meinem Seelsorgedienst festgestellt, dass Schuld die am weitesten verbreitete Ursache des Zweifels ist. Ein Mensch, der sich unrein fühlt, kämpft gegen das Vertrauen zu Gott an.

Schuld führt zu Selbstbestrafung. Manche Eltern beispielsweise, deren Kinder auf Abwege geraten sind, wollen nicht frei von Schuld werden. Sie sind überzeugt davon, dass sie für das Verhalten ihrer Kinder bezahlen müssten, und die Schuld sei der Preis. Andere gehen noch einen Schritt weiter und deuten jede Tragödie als Gottes Weise, sie zu bestrafen. Manche Menschen werden tatsächlich physisch krank, sodass sie die Genugtuung haben, für ihre Sünden zu bezahlen. Solche Schuldgefühle kommen nie zur Ruhe – egal, wie sehr diese Menschen darunter leiden.

Schuld bewegt Menschen, gute Werke zu tun. Ein Ehemann überreicht seiner Frau am Abend Blumen, weil er sie am Morgen angeschrien hat. Andere spenden der Kirche oder Gemeinde Geld oder sind besonders freundlich zu einem bedürftigen Freund in der Hoffnung, damit ihre Sünden zu sühnen. Manche Kinder, die sich gegen ihre Eltern aufgelehnt haben, engagieren sich für soziale Belange oder arbeiten sogar in Ghettos, um ihre Rebellion in gewisser Weise »wiedergutzumachen«. Statt ihre Eltern um Vergebung zu bitten, nehmen sie unbewusst an, dass ihre Opfergesinnung ihr Konto ausgleichen könnte.

Doch gute Werke können niemals Schuld tilgen. Solche Aktivitäten können Ihnen helfen, die Schuld zu leugnen oder Ihrem Gewissen gegenüber Zeit zu erkaufen, doch über kurz oder lang wird die Schuld in anderer Form an die Oberfläche drängen. Ein Freund von mir drückt das so aus: Es ist so, als verschütte ich Ketchup auf meine Krawatte. Der Vorsatz, das nächste Mal vorsichtiger zu sein – oder gar der Entschluss, ein sich selbst aufopfernder Knecht zu werden – kann den Fleck nicht mehr auslöschen. Wenn nicht ein Mittel gefunden wird, das direkt auf die Schuld angewendet wird, bleibt sie. Glücklicherweise lässt Gott uns nicht ohne Hoffnung stehen.

Grundsätze zur Behandlung der Schuld

Es ist Gottes Wille, dass Sie frei sein sollen von jeder Form von Schuld. Er, der reich ist an Barmherzigkeit, hat Ihre moralischen und gefühlsmäßigen Verstrickungen vorausgesehen. Glücklicherweise wird Gott niemals überrascht. Er bietet Ihnen Freiheit von einem nagenden Gewissen an. Ich möchte Ihnen drei Schritte vorschlagen, um diese Freiheit zu finden:

1. *Identifizieren Sie die Ursache Ihrer Schuldgefühle.* Oft ist dies sehr leicht möglich: Eine unmoralische Beziehung, Betrügereien bei der Einkommenssteuer, harte Worte den Eltern gegenüber – all diese Schuldquellen lassen sich ohne Schwierigkeiten feststellen. Vielleicht haben Sie den Wunsch, diese Ursachen auf einem Blatt Papier zu notieren und sich dann mit jeder einzelnen Ursache auseinanderzusetzen, um sie ein für alle Mal hinter sich zu werfen.

Ich möchte Sie warnen: Menschen haben manchmal falsche Schuldgefühle und quälen sich damit aufgrund von Dingen, die doch jenseits ihrer Kontrolle liegen. Eine Frau stand mit ihrem dreijährigen Töchterchen am Straßenrand und wartete darauf, die Straße überqueren zu können. Das Kind fragte: »Mutter, kann ich jetzt gehen?« Ganz in Gedanken sagte die Mutter: »Ja.« Sekunden später sah sie voller Entsetzen, wie ein heranfahrender Lastwagen ihre Tochter überfuhr und damit tödlich verletzte. Das Entsetzen dieses Ereignisses wird sich nie mehr aus dem Bewusstsein der Frau tilgen lassen.

Sie wird geplagt von Schuld, einem unglaublichen Gefühl der Reue und des Zorns auf sich selbst. Diese Gefühle entstanden, weil sie sich selbst nicht vergeben kann. Wir können diese Reaktion natürlich gut nachvollziehen. Doch sie muss irgendwann dahin kommen, diese Gefühle hinter sich zu lassen, indem sie erkennt, dass sie aus ihr selbst hervorkommen und nicht von Gott verursacht worden sind, der uns nicht für Unfälle verdammt, die jenseits unserer Kontrolle liegen. Diese Frau muss sich selbst vergeben und erkennen, dass Gott von uns keine Selbstquälerei haben will.

Um Schuldgefühle zu überwinden, müssen Sie sie ans Licht befördern, wo Sie sich mit ihnen auseinandersetzen können. Dann stellen Sie sich ernsthaft die Frage: »Warum fühle ich mich schuldig?«

2. *Erkennen Sie, dass Gottes Heilmittel vollkommen ist.* In Christus hat Gott all Ihre Gefühle, all Ihre Mutlosigkeit, all Ihre Fehlschläge selbst durchgemacht und versteht Sie gut. Jesu Tod am Kreuz schloss ein Opfer für alle unsere Sünden mit ein – für vergangene, gegenwärtige und zukünftige. »... indem er uns alle Vergehungen vergeben hat; als er ausgetilgt hat die uns entgegen stehende Handschrift in Satzungen, die gegen uns war ...« (Kolosser 2,13-14). Für jede Sünde, die Sie noch begehen sollten, ist schon bezahlt. Als Jesus vor zweitausend Jahren starb, waren Ihre Sünden noch Zukunft. Es gibt *keine* Sünde, die Sie je auf sich laden werden, die in Christi Tod nicht eingeschlossen ist.

Es fällt Gott nicht schwer, Ihnen zu vergeben. Er bedauert keineswegs, Ihnen eine zweite Chance zu geben. Der Preis für die Vergebung ist schon bezahlt, und Gott möchte, dass Sie sie frei annehmen.

Ein Atheist fragte Billy Graham: »Wenn Hitler auf dem Totenbett noch Christus angenommen hätte, wäre er dann in den Himmel gekommen? Oder der Mensch, der ein gutes Leben führte, aber Christus ablehnte, hätte der zur Hölle fahren müssen?« Das ist eine Fangfrage. Sie wurde so gestellt, um das Evangelium lächerlich zu machen. Doch die Antwort lautet: »Ja.« Wenn Hitler noch Christus im Glauben angenommen hätte, dann würde Gott ihm vollständig vergeben, weil in Christi Tod auch alle Sünden Hitlers eingeschlossen sind! Gott wertet Christus so hoch, dass er Hitler um des Verdienstes Christi willen annehmen könnte, während er dies selbst bei dem besten Menschen, der aber nicht nach Christus fragt, nicht tun würde! Denn niemand ist ohne Schuld – nur Christus allein.

Der Schrei vom Kreuz – »Es ist vollbracht!« (Johannes 19,30) – wird im Griechischen mit einem einzigen Wort ausgedrückt: *tetelestai*, ein Ausdruck, der bei Geschäftsvorgängen gebraucht wurde. Wurde dieses Wort quer über eine Rechnung geschrieben, dann bedeutete dies: »voll bezahlt«. Sie brauchen nie den Versuch zu unternehmen, selbst für Ihre Sünden zu bezahlen. Durch seinen Opfertod hat Christus *voll* dafür bezahlt.

Wenn Gott Ihnen vergibt, dann sind Ihre Sünden so vollständig gelöscht, dass er sich nie wieder daran erinnert (Hebräer 8,12). Er wird sie niemals mehr gegen Sie verwenden (Hebräer 10,17). Die Sünden, die Sie gestern vor Gott bekannt haben, treten nie mehr als Barriere zwischen Sie und ihn – sofern Sie sich nicht weigern, Gottes Vergebung anzunehmen, und sofern Sie nicht den Wert des Opfers Christi anzweifeln.

Ich bin so froh darüber, dass mein Computer eine Taste mit Löschfunktion (*Delete*) hat. Wenn ich etwas Falsches geschrieben habe oder einen Absatz noch einmal neu schreiben möchte, drücke ich einfach auf diese Taste – und die Vergangenheit ist weg! Und ich habe das Vorrecht, wieder auf einer sauberen Seite anfangen zu können. Genau das geschieht mit Ihren Sünden, wenn Gott Ihnen vergibt. Die Folgen müssen wir dann oft noch tragen, doch die Schuld, die rechtmäßige Verdammung für das Vergehen, ist weg!

Ich denke an eine Frau, die eine unvergebene Schuld wegen vorehelicher sexueller Erfahrungen mit sich herumschleppte.

Ihre Schuldgefühle und die sich daraus entwickelnde unglückliche Ehe kosteten sie ihre Gesundheit. Ich fragte sie, ob sie die Sünden der Vergangenheit gebeichtet habe. »O ja, ich habe diese Sünden wohl schon tausendmal gebeichtet«, erwiderte sie. »Nun, und hat Gott Ihnen vergeben?«, fragte ich. »Ich bin mir nicht sicher«, war ihre Antwort.

Was sagte diese Frau nun wirklich? Ganz unbeabsichtigt leugnete sie, dass Gott ihre Sünde in Christi Tod mit eingeschlossen hat. Und sie sagte damit auch, dass Gott nicht treu ist, dass er uns die Sünden vergibt und reinigt von aller Ungerechtigkeit – was er in seinem Wort doch versprochen hat (1. Johannes 1,9)!

Warum beichten Menschen immer wieder dieselben Sünden? Manchmal wohl deshalb, weil sie nicht glauben können, dass Gott so frei vergibt – sie müssen doch sicherlich erst unter der Schuld leiden, oder nicht? Oft zweifeln sie an ihrer eigenen Aufrichtigkeit, als sie ihre Sünde zum ersten Mal beichteten. Vielleicht haben sie auch nie selbst Barmherzigkeit und Vergebung von einem anderen Menschen empfangen. Was auch immer die Ursache sein mag – einer ist der Gewinner dabei: Satan.

Die Bibel stellt Satan als den großen Ankläger der Christen vor. Und wann ist er besonders aktiv? Unablässig, Tag und Nacht. Er bringt Ihre Sünden vor Gott und hält sie Ihnen vor. Doch dankbarerweise können die Erlösten ihn durch das Blut des Lammes überwinden (Offenbarung 12,10-11).

Satan hat sein Vergnügen daran, wenn die Gläubigen ihre Sünden immer und immer wieder beichten. »Warum beichtest du diese Sünde nicht nochmals?«, raunt er Ihnen zu. Am nächsten Tag redet er Ihnen ein, Sie seien nicht aufrichtig gewesen. »Beichte diese Sünde nochmals, aber diesmal wirklich mit ganzem Herzen.« Und so geht es immer weiter. Wenn wir seinem Betrug glauben, laufen wir in die Falle unseres eigenen Unglaubens und werden das Opfer unserer Gefühle. Das Ergebnis: weder Liebe noch Freude, noch Frieden. Elend hocken wir dann auf einer Bank, die die Bezeichnung trägt: »der Vergebung ungewiss« – eine Bank, die bereits von Scharen geistlich gelähmter Heiliger besetzt ist.

Und wie können wir zwischen dem Drängen des Heiligen Geistes und den Beschuldigungen des Teufels unterscheiden? Der Teufel klagt uns wegen Sünden an, die bereits unter dem Blut Jesu sind – er klagt uns wegen Sünden an, die Gott bereits vergeben hat. Der Heilige Geist überführt uns von Sünden, die wir noch nicht bekannt haben und über die wir noch Buße tun müssen, sodass die Gemeinschaft mit Gott wiederhergestellt wird. Doch wenn wir einmal Buße getan und Vergebung empfangen haben, hat der Heilige Geist sein Werk vollbracht.

Wie können Sie diese Falle umgehen? Das Geheimnis ist einfach: *Danken Sie Gott für seine Vergebung, auch wenn Sie sich noch schuldig fühlen.* Ein Vorschlag: Nutzen Sie Ihre Schuldgefühle als Merkzettel, um Gott für seine Vergebung zu loben. Lernen Sie die Psalmen 32 und 103 auswendig und sprechen Sie diese laut vor sich hin mit einem Dank an Gott, wenn diese Schuldgefühle sich Ihnen wieder aufdrängen. Auf diese Weise gelangen Sie einen großen Schritt in Ihrem inneren Leben voran. Denn Sie lernen, im Glauben und nicht nach Gefühlen zu wandeln. Und Ihre Gefühle werden schon bald Ihren Glauben einholen!

Gott verheißt uns nicht nur Vergebung, sondern auch Reinigung. In 1. Johannes 1,9 heißt es: »Wenn wir unsere Sünden bekennen, so ist er treu und gerecht, dass er uns die Sünden vergibt und uns reinigt von aller Ungerechtigkeit.« *Vergebung* bezieht sich auf unseren rechtlichen Status vor Gott; die *Reinigung* aber ist das, was Gott tut, um dafür zu sorgen, dass wir um unsere Vergebung wissen. Oder anders ausgedrückt: Reinigung ist das Werk Gottes, durch das wir tatsächlich rein werden.

Ein Mann, der mit Internet-Pornografie zu kämpfen hatte, erzählte mir, dass er sogar dann, wenn er sich diese Bilder anschaute, seine Sünde Gott bekannte – manchmal zwei- bis dreimal in der Minute. Doch er entdeckte, dass seine Leidenschaften selbst nach dem Bekenntnis anhielten. Das ist ein offensichtlicher Beweis dafür, dass das Bekenntnis selbst nicht die sinnlichen Gedanken und das triebhafte Verlangen aufhören lässt, wenn sie einmal in Gang gekommen waren. Doch dieser Mann entdeckte das Gegenmittel für dieses Problem. Wenn er nicht nicht nur auf Gottes Vergebung, sondern auch auf der Reinigung durch Gott beharrte, dann wusste er, dass er den Computer auszuschalten hatte. Er sagte: »Manchmal konnte ich spüren, wie die Begierde meinen Körper verließ, wenn ich beschloss, Gottes Reinigung anzunehmen.«

Durch den Empfang der Vergebung und der inneren Reinigung können Sie den ersten Schritt tun, Ihre Vergangenheit hinter sich zu lassen. Viel mehr muss noch getan werden, aber Sie haben den Prozess zumindest begonnen.

3. *Erfahren Sie so oft wie möglich die Heilung aller persönlichen Beziehungen.*
Viele von uns haben Gemeinschaft mit Gott, doch unsere Gewissen erlauben nicht, dass wir Freude empfinden, weil es ungeklärte Dinge zwischen uns und anderen Menschen gibt. Diese Dinge nagen an unserer Seele und erinnern uns daran, dass in Bezug auf das anfällige Gleichgewicht unseres Seelenlebens nicht alles in Ordnung ist. Die meisten von uns verhärten leider ihr Herz und entscheiden sich einfach dafür, mit Schuld »auf niedrigem Niveau« und inneren leichten Reizungen ihres Gewissens zu leben. Auch hier ist die Vergebung der einzige Weg zur Freiheit. Oft ist ein Telefonanruf oder ein zwangloses Treffen mit einem Freund alles, was nötig ist, um alte Wunden zu heilen. Und was geschieht, wenn der andere Ihnen nicht vergibt? Wenn Sie sich ihm aufrichtig genähert haben, dann können Sie zuversichtlich sein, dass sich Gottes Gnade zu ihrer Zeit Bahn brechen wird – und bis es so weit ist, seien Sie damit zufrieden, dass Sie alles taten, was Sie konnten, um kaputte Beziehungen wieder zu heilen.

Annahme der Gnade Gottes

Gottes Gnade ist größer als Ihre Sünde – gleichgültig, ob Ihre Sünde groß oder klein ist. Ein bekannter Christ, der im Regen zu schnell fuhr, verursachte einen Unfall, bei dem sein Begleiter getötet wurde. Reue und von der Schuld aufgerissene Wunden quälten das Herz des Mannes. Doch er entschied sich, dass er nicht den Rest seines Lebens im Gefängnis der Selbstbeschuldigung verbringen will. Er entschied sich, sich selbst zu vergeben – in dem Wissen, dass Gott ihm vergeben hatte. »In jener Nacht«, so erzählte er, »erkannte ich klarer als je zuvor, dass der Sinn des Kreuzes ist, das Nichtreparierbare wieder zu reparieren.«

John Newton hatte gottesfürchtige Eltern, doch er wurde im Alter von sechs Jahren Waise. Er wurde von einem Verwandten adoptiert, der Newtons christliches Erbe ablehnte. In jungen Jahren wurde er Seekadett. Während seiner Dienstzeit bei der Royal Navy desertierte er und ging nach Afrika mit dem einen Ziel: nach Herzenslust zu sündigen.

Er trat in die Dienste eines üblen Sklavenhändlers und fing an, so sehr zu sündigen, dass sogar *er selbst* sich schon unbehaglich fühlte! Schließlich floh Newton zur Küste. Durch ein Signalfeuer konnte Newton die Aufmerksamkeit eines Schiffes auf sich ziehen. Da er ein ausgebildeter Navigator war, wurde er auf dem Schiff bald zum Maat befördert. Das Schiff war auf dem Weg von der afrikanischen Küste nach England.

Bei einer Gelegenheit öffnete er die Rumfässer und verteilte den Alkohol an die Besatzung, sodass alle Mann betrunken wurden. Das Schiff wurde auf seinem Weg nach Großbritannien vom Kurs abgetrieben. Als die Wellen das Schiff hin und her warfen, wurde Newton in das Unterdeck geschickt, um mit den dort beförderten Sklaven die Pumpen zu bedienen. Angesichts der unbeschreiblichen Not brach sich die Wahrheit, die ihm als Kind beigebracht worden war, wieder Bahn, und aus der Tiefe des Schiffes schrie er zu Gott: »Herr, hab Gnade mit uns!« Die

Ereignisse jenes Tages veränderten sein Leben für immer, und später schrieb er die bekannten Worte des Liedes *Amazing Grace*:

> O Gnade Gottes wunderbar,
> die du errettest mich.
> Ich war verloren ganz und gar,
> war blind, jetzt sehe ich.

Wenn Gott es fertigbringt, Ihre Vergangenheit zu vergessen, warum können Sie selbst es dann nicht? Wenn Sie Ihre Sünden bekennen und Gott um Vergebung für sie bitten, wirft er sie in die Tiefe des Meeres und stellt dann am Ufer eine Tafel auf mit der Aufschrift: »Schwimmen und fischen verboten.«

Sie haben nicht den geringsten Grund, sich auf den Irrwegen Ihrer Vergangenheit festhalten zu lassen. Gott bietet Ihnen einen neuen Anfang an. Jesus sagte zu der Frau, die beim Ehebruch ertappt worden war: »Geh hin und sündige nicht mehr!« (Johannes 8,11). Wenn Ihre Vergangenheit vergeben ist, dann sind Sie frei von ihrem Zugriff. Sie sind aus den Gewässern der Sünde herausgezogen worden und stehen nun an einem Kreuzweg. Sind Ihre Sünden vergeben, dann können Sie entweder auf den schlüpfrigen Pfad des Versagens zurückkehren oder Ihre Füße fest auf Gottes Erde setzen und unverrückbar auf Gottes Seite stehen.

Fragen zur Vertiefung

1. In Psalm 32 wird von Davids Empfindungen berichtet, als er versuchte, seine Sünde zu verbergen. Vergegenwärtigen Sie sich die Auswirkungen der in den Versen 3-5 erwähnten uneingestandenen Sünde. Haben Sie in letzter Zeit eines oder mehrere dieser Gefühle selbst empfunden? Wenn ja, was können Sie tun, um diese Situation zu ändern?

2. Denken Sie an Handlungen, derentwegen wir uns oft schuldig fühlen, weil wir uns selbst nicht vergeben können. Wie können wir wissen, ob unsere Schuldgefühle aus uns selbst kommen oder Gott sie zu Recht in uns bewirkt?

3. Lesen Sie sich die Geschichte vom Sündenfall (1. Mose 3) noch einmal durch. Welche Anhaltspunkte gibt es dafür, dass Adam und Eva sich schuldig fühlten, als Gott zu ihnen kam? Welche Merkmale der Schuld finden sich in dem Bericht? Wie reagierte Gott auf ihre Not? Inwiefern können Sie sich mit den Handlungen Adams und Evas identifizieren? Was denken Sie, wie Gott Ihnen begegnen würde, wenn Sie ihm in Demut um Vergebung bitten würden?

4. Wenn wir unsere Sünden bekannt haben, müssen wir Gott unaufhörlich für seine Vergebung danken. Lernen Sie folgende Verse auswendig und sagen Sie diese als Ausdruck des Lobes für seine Vergebung auf: Psalm 32,1-2; Römer 8,33-34; 1. Johannes 1,9.

5. Nehmen Sie sich jetzt etwas Zeit zum Gebet und denken Sie an solche Zeiten, in denen Sie keine Vergebung Ihrer Sünden spürten. Bitten Sie Gott, Ihre Einstellung gegenüber seinem Opfer zu verändern und Sie dahin zu bringen, dass Sie seine Vergebung annehmen und vorangehen können. (Das Kapitel »Mit Gefühlen leben« [ab Seite 109] wird sich eingehender mit der Frage beschäftigen, wie wir unsere »Gefühle« und Gottes Wahrheit auseinanderhalten können.)

Sehen Sie die Dinge in Gottes Licht

Ist es Ihnen immer noch ernst damit, Ihre sündhafte Gewohnheit aufzugeben? Gut, dann wollen wir beginnen. Wichtig ist vor allem, dass Sie Ihre Probleme aus der richtigen Perspektive sehen. Deshalb wollen wir uns erst die folgenden Geschichten anschauen. Vielleicht können Sie sich mit einer dieser Geschichten identifizieren.

Dave hat schon als Jugendlicher herausgefunden, dass er nur durch einen Mausklick freien Zugang zur ganzen Bandbreite der Internet-Pornografie bekommen konnte. Viele Jahre später, als er bereits verheiratet war, bat er Gott um Kraft, diese Sucht zu überwinden, und flehte voller Ernst, sein unangemessenes sexuelles Verlangen möge von ihm genommen werden. Er war erfüllt von Schuld, Angst und Scham, weil es ihm nicht gelang, diesem Drang zu widerstehen. Eines Tages entdeckte seine Frau die Internetseiten, die er sich anschaute, und ihre Beziehung erlitt eine tiefe Wunde.

Ken, ein Lkw-Fahrer, versprach seiner Frau, er werde das Rauchen aufgeben. Er beschloss, die Zahl der täglich konsumierten Zigaretten nach und nach zu reduzieren, bis er von seiner Gewohnheit frei wäre. Er versagte so oft, dass er es schließlich aufgab. Heute ist er davon überzeugt, dass er nie mit Rauchen aufhören kann und dass es keinen Zweck hat, nochmals einen Versuch zu machen.

Susans erster Mann starb in jungen Jahren an einem Herzanfall. Zwei Jahre später heiratete sie wieder – diesmal einen Christen. Nach vielen Jahren Ehe mit ihrem neuen Mann sehnte sie sich noch immer nach der Initimität zurück, die sie mit ihrem ersten Mann hatte. Schließlich ließ sie sich mit einem anderen

Mann ein. Sie betete stundenlang zu Gott, er möge ihr das Verlangen nehmen, auf solch ungesunde Weise Liebe zu suchen, doch ihr Gebet fand keine Antwort – zumindest nicht so, dass sie sie hätte hören können. Schließlich flog ihre Affäre auf, und sie und ihr neuer Mann ließen sich scheiden.

John war ein Mann von äußerst heftigem Temperament. Er warf mit scharfen Worten um sich, die das Selbstvertrauen und die Zuneigung seiner Frau erschütterten. Er bestrafte seine Kinder viel zu streng, meist in einem Wutanfall. Als Christ wusste er, dass dieses Verhalten falsch war, und beschloss auch, sich zu ändern. Nach einem besonders heftigen Wortwechsel mit seiner Frau schlug er einmal mit der Faust ein Loch in die Wand. Beschämt und von Schuld erfüllt, bat er Gott um Befreiung von seinem ungezügelten Temperament. Ein Gelöbnis, sich zu wandeln, half nichts, ebenso wenig seine Gebete. Monate später gab er es auf mit den Worten: »Ich kann mir nicht helfen, so bin ich nun einmal.«

Was ist in diesen Fällen schiefgelaufen? Alle diese Leute waren Christen, alle beteten um Befreiung, doch alle waren schließlich stärker entmutigt als zuvor. Die einfachste Antwort wäre: »Sie waren nicht aufrichtig – wenn sie es ernst gemeint hätten, dann hätte Gott ihnen auch geholfen.« Ich bin jedoch davon überzeugt, dass viele in ihren Gebeten wirklich aufrichtig sind – manche weinen sogar dabei – und in einem täglichen Kampf um die Befreiung stehen. Allem Anschein nach garantiert Aufrichtigkeit allein noch keine Befreiung.

Ein Grund, warum diese Menschen wieder in ihre alte Verhaltensweise zurückfielen, liegt darin, dass *sie das volle Ausmaß ihres Problems nicht verstanden*. Sicherlich wollten sie den Sieg, aber sie verstanden nicht, wie oder wann Gott ihn herbeiführen würde. Wie die meisten von uns wollten sie eine spezielle Gewohnheit überwinden – zu ihrem eigenen Nutzen. Wir wollen frei werden von den Symptomen eines Problems, doch wir wollen keine gründliche Prüfung; die tiefer gehenden Probleme in unserem Leben, denen wir uns nicht stellen wollen, würden ja dabei enthüllt werden. Die Gewohnheiten als solche sind wie die Spitze eines Eisbergs – 90 Prozent der Sache sind unter der Oberfläche verborgen. Lassen Sie mich das erläutern:

Dave wollte von seiner Pornografie-Sucht frei werden, weil er sich schuldig fühlte. Außerdem lebte er in einer ständigen Angst, die Sache könnte auffliegen. Er suchte Gottes Hilfe, um seine Ehe und vor allem seine Ehre zu retten. Das ist natürlich verständlich, und wir alle könnten uns hinter solche Beweggründe stellen. Doch in seinem Leben waren viele andere Umstellungen notwendig.

Vor allem war er selbstsüchtig. Er verbrachte einen Großteil seiner freien Zeit damit, an Autos herumzubasteln. Seine Familie war ein lästiges Anhängsel. Wie können wir erwarten, eine sündige Gewohnheit zu überwinden, wenn wir nicht einmal anderen Menschen eine höhere Priorität geben können als uns selbst? Zweitens war er stolz. Dave und seine Frau stritten oft, und er nutzte diese Tatsache als Möglichkeit, sie für die Umstände in seinem Leben verantwortlich zu machen. Er argumentierte, dass sie sich nicht genug um ihn kümmerte – ja, sie war wahrscheinlich sogar die Ursache dafür, dass diese hartnäckige Gewohnheit noch immer ein Teil seines Lebens war. Er argumentierte so, obwohl er ganz genau wusste, dass er schon zu einem Zeitpunkt in seinem Leben gegen diese Sünde zu kämpfen hatte, bevor er seine Frau überhaupt das erste Mal gesehen hatte.

Was wollte Gott im Leben dieses Mannes bewirken? Dass er aufhörte, sich pornografische Bilder anzuschauen und ein leidenschaftliches Verlangen nach anderen Frauen zu haben, mit denen er nicht verheiratet war? Gewiss, aber doch noch sehr viel mehr. Gott wollte, dass Dave sich demütigte, seine Frau und Kinder um Vergebung bat und die Prioritäten in seinem Leben neu ordnete. Dave sollte sich mit anderen Christen zusammentun, die ehrlich mit ihm sein würden und denen gegenüber er sich verpflichten könnte, Rechenschaft abzulegen.

Einige seiner Einstellungen mussten bekannt, der Stolz musste gebrochen und der Egoismus klar erkannt werden. Vor allen Dingen aber sollte er Gott in seinem Leben an die erste Stelle setzen. Doch an einer so tief greifenden Behandlung war Dave nicht interessiert. Gott wollte sein ganzes Haus reinigen, doch Dave wünschte sich, dass Gott nur den Dreck vor dem Hauseingang fortfegt.

Und wie steht es mit Ken? Er wollte das Rauchen aufgeben, er war Christ, doch sein Leben spiegelte davon nur wenig wider. Seine Kinder hatten ihn, abgesehen von dem gewohnheitsmäßigen Tischgebet, niemals beten hören. Er bot seiner Familie keine geistliche Führung; die wenigen biblischen Geschichten, die die Kinder kannten, hatte seine Frau ihnen beigebracht.

Nun wollte er, dass Gott ihm half, das Rauchen sein zu lassen, weil ihn die Ärzte auf die Gefahr aufmerksam gemacht hatten, dass er an Lungenkrebs sterben könnte. Konnte Gott ihm helfen, seine Gewohnheit aufzugeben? Sicherlich! Aber er sollte auch sich selbst ganz Gott übergeben, seine Zeit, seinen Besitz und seinen Ruf. Ken hätte damit beginnen müssen, täglich in der Heiligen Schrift zu lesen und sich an Gott zu wenden für die täglichen Bedürfnisse, die er selbst und seine Familie hatten. Doch solche Veränderungen hatte er nicht im Sinn. Er dachte, Gott würde ihn von den Zigaretten befreien und das übrige Leben unberührt lassen.

Und warum nahm Gott die von Susan wahrgenommenen Bedürfnisse nicht weg? Tief in ihrem Inneren musste sie sich mit langjährigen Kämpfen auseinandersetzen, die mit ihrem ersten Mann zu tun hatten und die sie nie gelöst hatte. Sie war auch nervös und ängstlich und nörgelte seit eh und je wegen jeder Kleinigkeit an ihrem Mann und ihren Kindern herum. Ihre augenblickliche Situation wurde genährt durch Selbstmitleid – und das war eine Sünde, von der sie sich nicht trennen wollte. Ständig rechtfertigte sie ihre Haltung, pries ihr eigenes rechtschaffenes Verhalten und beklagte die Tatsache, dass gerade sie so Schlimmes durchmachen musste mit dem Verlust ihres ersten Mannes.

Wir fühlen mit ihr. Ihre seelische Qual war groß – ja, fast nicht zu beschreiben. Doch wir kommen nicht an der Tatsache vorbei, dass Selbstmitleid nicht besiegt werden kann, solange wir selbst über unser Verhalten bestimmen. Für viele Menschen wird selbst das Gebet zu einer weiteren Sitzung mit dem Selbstmitleid, bei der Gott bis ins Einzelne von all dem Unrecht informiert wird – oder sogar deshalb beschuldigt wird –, das diese Person erduldet hat.

Schließlich ist da noch John. Sein Problem war, so meinte er jedenfalls, dass bei ihm schon von Geburt an so leicht die Sicherungen durchbrannten. Selbstverständlich trugen auch die Umstände Schuld daran – wenn alles mehr nach seinem Geschmack liefe, dann brauchte er nicht in die Luft zu gehen und mit den Fäusten gegen die Wand zu rennen. John fällt auch heute noch die Selbstbeherrschung schwer, weil er nicht bereit ist, die tiefer liegende Einstellung gegenüber Gott und seiner Familie klar zu erkennen. Tatsächlich ist John ständig wütend – wütend auf seinen Chef, wütend auf das Leben selbst. Er fühlt sich nur wenig wert, weil er nie den Erfolg hatte, den sein Vater von ihm erwartete. Er wird den Gefühlen der Zurückweisung, die er in seiner Kindheit erlebte, begegnen müssen und sich dann Gott unterwerfen müssen, um emotionale Heilung zu erfahren – Vergebung wird den Unmut ersetzen müssen.

Obwohl John es sich nicht eingesteht: Er lebt im Kriegszustand mit Gott und lehnt sich gegen die Berufung und gegen die Lebensumstände auf, die Gott für ihn bestimmt hat. Solange er nicht sich selbst und seinen Platz in der Welt mit fröhlichem Dank annimmt, wird er niemals lernen, sein Temperament zu beherrschen. Gott möchte eine Veränderung dieser Haltung bewirken, aber das wiederum möchte John nicht. Er will einen Sieg über sein heftiges Wesen, um weitere Unannehmlichkeiten zu vermeiden und seine Ehe intakt zu halten. Er will das unbedingt erforderliche Minimum dessen, was für die Weiterführung seines Lebens auf einigermaßen annehmbarem Stand notwendig ist – aber mehr auch nicht.

Sich den Problemen stellen

Wie leichtfertig wollen wir die Befreiung von einer speziellen Sünde, ohne uns den Grundproblemen zu stellen! Eines Tages rief mich ein Mann an, der von seinem Betrieb entlassen worden war. Ich war ihm nie zuvor begegnet; doch er fragte mich, wie er seine Willenskraft stärken könne. Er brachte es einfach nicht fertig, rechtzeitig auf der Arbeit zu sein, und war auch schon vorher zweimal wegen seiner Faulheit und Unpünktlichkeit gefeuert worden. Ich gab ihm einige Ratschläge in der Hoffnung, ihm damit helfen zu können.

Eine Woche später erhielt ich den Anruf einer Frau, die um Rat fragte, wie sie eine unerlaubte Liebesbeziehung beenden könne. Zu meiner Bestürzung handelte es sich bei ihrem Partner um den Mann, der mich eine Woche vorher angerufen hatte! Das Problem seiner Sinnlichkeit hatte alle übrigen Lebensbereiche in Mitleidenschaft gezogen. Wie genau erfasst Jakobus die Lage, wenn er sagt, dass ein Zweifler unbeständig ist in *allen* seinen Wegen (vgl. Jakobus 1,8)!

Sündhafte Gewohnheiten weisen in der Regel auf ungelöste Probleme hin. Wir müssen zuerst die zugrunde liegenden Ursachen suchen, ehe wir die Symptome behandeln. Gott nutzt unsere Kämpfe gegen die Sünde, um unseren wahren Zustand zu diagnostizieren. Die Versuchung ist sein Röntgenapparat, der die verborgenen Konflikte offenbart, die der Behandlung bedürfen.

Was will Gott erreichen?

Gott verfolgt ein weitreichendes Ziel, wenn er uns unser Inneres zeigen will. Leider klammern wir uns viel zu oft an das Nahziel: Wir wollen Befreiung von der Sünde, um Unannehmlichkeiten zu vermeiden, von der Schuld entlastet zu werden oder eine Ehe zu retten. Das tiefer sitzende Problem, das wir oft umgehen, ist unsere Rebellion gegen Gott. Ein Mann war unehrlich im Geschäft; eine Frau hat ihr Kind abtreiben lassen – beide wollen von einem quälenden Gewissen befreit werden, doch sie sind nicht gewillt, ihre Grundhaltung – Trotz gegen Gottes Autorität – zu prüfen.

Echte Reue ist niemals leicht. Das Eingeständnis unserer Sünden bedeutet, dass wir mit Gott der Meinung sind, gesündigt zu haben. Es bedeutet auch, dass wir der Meinung sind, die Sünde müsse aufgegeben werden. Wer seine Sünden mit der Absicht bekennt, die gleiche Handlung noch einmal zu begehen, der bereut nur teilweise – wenn überhaupt! Eine solche unvollständige Buße führt zu der abwärtsgerichteten Spirale wiederholter Fehlschläge. Wirklich Sünde bekennen heißt, dass wir diese zugeben und Gott die Erlaubnis einräumen, sie aus unserem Leben auszumerzen. Natürlich behaupte ich nicht, dass wir niemals mehr die gleiche Sünde begehen und dass dafür keine Vergebung mehr möglich ist – wenn das so wäre, dann gäbe es für niemanden von uns Vergebung. Doch es muss auch die Bereitschaft da sein, sich von der Sünde zu trennen und sich Gottes Urteil in dieser Frage zu unterwerfen. Fehlt diese Bereitschaft, dann sind unsere Absichten nur auf uns selbst gerichtet. Wir fragen uns, wie die Vergebung uns nützt, anstatt darüber nachzudenken, wie wir Gott gekränkt haben.

Also bekennen Sie Gott Ihre Sünden und bereuen Sie sie. Doch bleiben Sie hier nicht stehen. Gott will Sie weiter führen als nur bis zur Buße für Ihre Sünden gegen ihn. Er will Ihre Kämpfe gebrauchen, um Sie zu einem gottgefälligen Leben zu führen.

Sein Wille ist es, Sie nicht nur von der Sünde zu befreien; er will Sie vielmehr dem Bild seines Sohnes ähnlich machen. Die Befreiung von sündhaften Gewohnheiten ist nur ein Schritt auf diesem Weg. Die Tilgung der Flecken aus Ihrem Leben ist sein Vorspiel, um Sie zu einem geisterfüllten Menschen zu machen, wie Gott ihn haben möchte.

Ein junger Mann, der ein Problem mit Homosexualität hatte, kämpfte jahrelang gegen seine Sünde an. Nach und nach wandelte Gott ihn so radikal, dass er normale Gefühle für das andere Geschlecht entwickelte. Heute ist er ein gottesfürchtiger, empfindsamer junger Mann. Gott lehrte ihn die Grundlagen der Hingabe, die er in allen Bereichen seines Lebens anwenden konnte. Während jener Monate seines qualvollen Kampfes lernte er mehr als zweihundert Verse aus der Heiligen Schrift auswendig. Seine sündhafte Gewohnheit hatte ihn dazu geführt, Gott zu suchen und mit dem Allmächtigen innig vertraut zu werden. Es hatte damit angefangen, dass er sich mit seinem Problem befasste; heute befasst er sich mit seinem Gott, dem mächtigen Versorger.

Wenn Sie sich einer peinvollen Versuchung gegenübersehen, dann müssen Sie eine Entscheidung treffen. Sie können sagen: »Ich habe schon vorher versucht, mich zu ändern, und es hat nicht funktioniert, also werde ich zusehen, dass ich mit meiner Sünde so gut wie möglich zurechtkomme. Schließlich sind wir ja alle Menschen, nicht wahr?« Ihre Sünde wird dann zum Denkmal für den falschen Gott, den Sie sich zurechtgezimmert haben.

Sie können aber auch Ihre sündhafte Gewohnheit genau in Augenschein nehmen und sie als Herausforderung erkennen, dass die Gnade und Macht Gottes sich in Ihrem Leben zeigt. Jakobus schrieb an die zerstreuten Judenchristen: »Haltet es für lauter Freude, meine Brüder, wenn ihr in mancherlei Prüfungen fallt, da ihr wisst, dass die Bewährung eures Glaubens Ausharren bewirkt. Das Ausharren aber habe ein vollkommenes

Werk, damit ihr vollkommen und vollendet seid und in nichts Mangel habt« (Jakobus 1,2-4).

Gott schickt den geistlichen Sieg keineswegs als Eilpaket an den, der darum ersucht. Ihre Sünde hat ihn den Tod seines Sohnes gekostet. Er verteilt nicht nur einen geistlichen Schnellverband. Aber er gebraucht Ihre Kämpfe, um Sie einer gründlichen Reinigung zu unterziehen, Ihre Prioritäten neu zu ordnen und Sie dazu zu bringen, sich auf seine Gnade zu verlassen. Es gibt keine billigen, einfachen Wunder. Sie müssen geistliche Freiheit wollen – und nicht nur um Ihrer selbst willen, sondern vor allem auch um Gottes willen. Nur dann werden Sie den Sieg erringen, den er verheißt.

Den größeren Zusammenhang betrachten

Zwischen Versuchung und Sünde besteht ein großer Unterschied. Die Entscheidung, der Versuchung nachzugeben, ist Sünde, aber die Versuchung an sich ist keine Sünde. Selbst unser Herr wurde in Versuchung geführt (Hebräer 4,15).

Wenn sündhafte Gedanken sich gegen Ihren Willen und ohne Vorankündigung in Ihren Geist einschleichen, dann haben Sie an diesem Punkt noch keine Sünde begangen. Nun kommt jedoch die entscheidende Prüfung: Wie reagieren Sie auf diese Einflüsterungen? Geben Sie ihnen nach, hegen Sie diese und lassen Sie sie in Ihrem Geist heimisch werden?

Für viele Christen bedeutet Sieg über die Sünde, dass sie hinfort nicht mehr in Versuchung geführt werden oder dass Gott ihre Natur so verändert, dass sie nicht mehr den Wunsch haben, Böses zu tun. Diese Vorstellungen sind in jedem Fall falsch. Versuchung ist keine Sünde, sie ist ein Schlachtruf.

Ich erinnere mich an meine eigenen Kämpfe gegen sündhaftes Verlangen, als ich Gott anflehte, mich von diesen Leidenschaften zu befreien. Ich erwartete, dass Gott meine Wünsche so verändern würde, dass ich in Zukunft bei Versuchungen keinen Anreiz mehr empfände. Ich brauche wohl nicht zu sagen, dass ich enttäuscht wurde. Gott verändert unsere Natur nicht so, dass wir nicht mehr menschlich sind. Die Versuchung in irgendeiner Form ist universal. Wenn wir darum beten, nie mehr in Versuchung geführt zu werden, dann ist das so, als wollten wir darum beten, zu sterben, um in den Himmel zu kommen. Da wir immer versucht werden, müssen wir lernen, mit der Versuchung auf Gottes Weise fertig zu werden. Wie sollten Sie mit Versuchung umgehen? Sehen Sie sich dazu einmal die folgenden Punkte an:

1. *Danken Sie zuerst Gott für Versuchungen und die Chancen, die sie Ihnen in Ihrem Leben bieten.*
Jede Versuchung ist eine eindeutige Chance, Ihre Verbundenheit mit Jesus Christus unter Beweis zu stellen. Ständiger Lobpreis ist der erste Schritt zur Überwindung der Versuchung. Gott wird verherrlicht, wenn Sie Ihre Lebensumstände aus seiner Hand annehmen. Wenn Sie Gott nicht für Ihre Lebensbedingungen und selbst für die Versuchung danken können, dann sind Sie dabei, gegen ihn zu rebellieren. Ein Mann, der sich mit einer heftigen Versuchung auseinanderzusetzen hatte, erzählte mir einmal, er habe ihr so lange nicht widerstehen können, bis er Gott beständig für seinen Kampf dankte. »Herr«, so betete er, »ich danke dir für diese Versuchung; selbst wenn ich von nun an bis zu meinem Todestag versucht werden sollte, werde ich dir dafür danken.«

Das ist der erste Schritt in dem Prozess, die Sache aus Gottes Perspektive sehen zu lernen. Akzeptieren Sie die Tatsache, dass Sie in Versuchung geführt werden, dann danken Sie Gott für die Chance, die sich Ihnen dadurch bietet.

2. *Nehmen Sie sich Zeit, Ihre Grundhaltungen zu definieren.*
Nehmen Sie Ihr gesamtes Leben gründlich in Augenschein und notieren Sie die Bereiche, die Sie in Angriff nehmen müssen.

Welche Dinge machen Ihnen *wirklich* zu schaffen? Was wollen Sie wirklich? Lehnen Sie sich gegen irgendeinen Menschen auf? Sind Sie verärgert über Ihre Leistung oder über Ihr Aussehen? Fühlen Sie sich als Versager, als große Null? Glauben Sie, dass Sie zu kurz kommen, seit Sie Christ wurden? Empfinden Sie Bitterkeit gegen Eltern, Kinder, Mann oder Frau? Sind Sie zornig auf Gott, weil er nicht das tat, was Sie von ihm erwartet hatten? Verbringen Sie eine Stunde ohne Hetze mit der Bestandsaufnahme.

Wann immer ich das selbst tat, entdeckte ich Haltungen, die mir selbst gar nicht bewusst waren. So bin ich zum Beispiel ärgerlich über mich selbst, weil ich so lange brauche, um ein Projekt durchzuführen, etwa, ein Buch zu schreiben. Ich beschäftige mich mit Kämpfen in meinem Dienst als Pastor, Frustration in persönlichen Beziehungen und meiner Verantwortung als Ehemann, Vater und Großvater. Dies alles beeinflusst meine Haltung, meinen Blickwinkel. Gott hat mir gezeigt, dass die Art und Weise, wie ich mit diesen Einstellungen umgehe, meine Beziehung zu ihm berührt und Ehre oder aber Schande für meinen himmlischen Vater mit sich bringt.

3. Nachdem Sie über Ihre persönlichen Kämpfe nachgedacht haben, geben Sie sich und Ihr Problem ganz in Gottes Hände.
Geben Sie Gott die Schlüssel zu jedem Raum Ihrer Seele und lassen Sie ihn eintreten und die Führung übernehmen. Tun Sie dies in dem Wissen, dass Gott von Ihnen verlangen wird, dass Sie sich mit Ihren Verhaltensweisen und Sünden auseinandersetzen. Das kann ein schmerzlicher und langwieriger Prozess sein, der jedoch zu unserem Besten dienen wird.

Fürchten Sie sich nicht vor dem, was Gott von Ihnen verlangen könnte. Eine sehr schüchterne und zurückgezogen lebende Frau sagte mir einmal, sie scheue davor zurück, sich in Gottes Hände zu geben, weil sie vielleicht lernen müsste, anderen Menschen freundlich zu begegnen. Zweifellos werden Sie in schwierige Situationen geraten, insbesondere solche, in denen Sie andere um Vergebung werden bitten müssen. Einige Situationen werden möglicherweise sogar die Hilfestellung durch einen bibeltreuen Seelsorger erforderlich machen. Doch ich bin mir sicher, dass Sie erkennen werden, dass es all den Schmerz wert ist, da Gott doch alle Dinge zu unserem Besten dienen lassen wird (vgl. Römer 8,28).

Was auch immer Gott von Ihnen verlangt: Er wird Ihnen die Kraft dafür geben. Wenn Sie an einen Bach kommen, an dem die Brücke weggeschwemmt worden ist, dann kann die Überquerung trotzdem noch möglich sein – nicht in kurzen Schritten, aber mit einem großen Satz. Das Gleiche geschieht, wenn Sie sich Gott anvertrauen. Wenn die Brücke von Schuld und Ausflüchten dahin ist, dann tun Sie diesen einen großen Sprung, ohne einen Gedanken an eine Rückkehr in das Leben der Halbherzigkeit zu verschwenden. Ihre Hingabe muss vielleicht noch viele Male erneuert werden, doch sie sollte so klar, eindeutig und endgültig sein wie nur irgend möglich; denn Sie wissen, dass Gott bei Ihnen ist, um Sie auf seinem Pfad zu halten.

4. Erkennen Sie, dass Ihr letztes Ziel nicht der Sieg, sondern die Beziehung zu Gott selbst ist.
Augustinus schrieb in seinen »Confessiones«: »Du hast uns zu dir hin geschaffen und ruhelos ist unser Herz, bis es ruht in dir.« Letzten Endes kann selbst der Sieg über die Sünde nicht unser innerstes Verlangen befriedigen. Nur Gott kann dies, denn er hat uns als »soziale Wesen« geschaffen, und wir müssen mit ihm in Gemeinschaft sein, um unser volles Potenzial zu erkennen, das wir als seine Kinder haben.

Lassen Sie es mich hier ganz klar sagen: Unterwerfung ist nur der erste Schritt in einem langen Prozess. Herzen werden zu dem Zeitpunkt verändert, in dem sie Christus annehmen, doch es erfordert viel mehr, die Gedanken und Einstellungen und Gewohnheiten zu verändern.

Erinnern Sie sich an Kopernikus? Er war der Astronom, der zu dem Schluss kam, dass die Erde sich um die Sonne dreht und nicht umgekehrt. Wenn die Sonne als Mittelpunkt des Universums angenommen wurde, konnten die Planetenbewegungen leichter erklärt werden. Die zur Erläuterung der Planetenbewegungen erforderlichen komplizierten Gleichungen wurden durch diese neue Theorie erheblich vereinfacht.

Gott wünscht sich von Ihnen Ihre eigene kopernikanische Revolution. Er will von der Randzone in den Mittelpunkt Ihres Lebens rücken, um Ihrem Leben Bedeutung und Belohnung zugleich zu geben, indem Sie dem Herrscher dienen, der gleichzeitig Schöpfer und Erlöser ist. Der Sieg über die Sünde, den Sie anstreben, folgt aus Ihrer Beziehung zu Gott. Wenn Sie Gott erkennen und ihn mit ganzem Verstand, mit ganzem Herzen und ganzer Seele lieben wollen, dann gewinnen Sie die Freiheit, nach der Sie suchen.

Vielleicht meinen Sie, Gott zu erkennen sei ein ziemlich theoretisches und mystisches Ziel. Gott ist unsichtbar und erscheint vielleicht unzugänglich. Ist es nicht einfacher, sich Ziele im Geschäftsleben oder in der Ehe und im Familienleben zu setzen? Die wunderbare Verheißung der Heiligen Schrift lautet, dass Sie Gott wirklich erkennen *können*. Zum Propheten Jeremia sprach Gott: »Und ihr werdet mich anrufen und hingehen und zu mir beten, und ich werde auf euch hören. Und ihr werdet mich suchen und finden, denn ihr werdet nach mir fragen mit eurem ganzen Herzen; und ich werde mich von euch finden lassen« (Jeremia 29,12-14).

In der gesamten Bibel wird das Verlangen, Gott zu erkennen, mit einem Durstgefühl verglichen. Im Alten Testament sprachen die Propheten von der Zeit, in der das Land mit Wasserströmen durchflossen sein und Gott selbst seinem Volk Quellen in der Wüste bescheren werde. Jesus sprach von sich als dem Einen, der das lebendige Wasser schenkt. Er sagte: »Wenn jemand dürstet, so komme er zu mir und trinke! Wer an mich glaubt, wie die

Schrift gesagt hat, aus dessen Leib werden Ströme lebendigen Wassers fließen« (Johannes 7,37-38).

Haben Sie Durst nach diesem lebendigen Wasser? Sehnen Sie sich in Ihrem tiefsten Inneren nach Befriedigung? Das Gedicht von Nancy Spiegelberg mag Ihre Erfahrung beschreiben:

Herr,
ich kroch
durch die Wüste
zu dir
mit leerer Schale,
unsicher,
doch bittend
um einen Tropfen
der Erquickung.

Hätte ich
dich besser gekannt,
dann wäre ich
mit einem Eimer
gerannt.

Je besser Sie Gott kennenlernen, desto öfter werden Sie sich ihm zuwenden. Je mehr Sie verstehen lernen, dass Sie zur Gemeinschaft mit ihm geschaffen wurden, desto mehr Zeit werden Sie damit verbringen, diesen Sinn zu erfüllen, bis Ihr Leben die einzigartige Hingabe zeigt, die Paulus so ausdrückt: »Eins aber tue ich ...« (Philipper 3,13).

Wenn Sie sich selbst und Ihr Leben aus Gottes Perspektive sehen lernen, dann werden Sie lernen, optimistisch und voller Glauben zu beten. Gott hat diese Versuchung zu Ihrem Besten zugelassen. Danken Sie ihm jetzt dafür, was er aus ihr Gutes machen wird. Er will bauen und nicht zerstören. Wenn er Wunden schlägt, dann geschieht dies, um Sie in den Tiefen Ihres Wesens gesund zu machen.

Ist es Ihnen ernst damit, die sündhafte Gewohnheit aufzugeben? Warum beten Sie dann nicht auf der Stelle und danken Gott für das, was er in Ihrem Leben tun will?

»Herr, ich bekenne meine Sünde, vor allen Dingen meine Rebellion gegen deine Autorität. In der Einsicht, dass ich gesündigt habe, sehe ich auch ein, dass diese Sünde ein Ende haben muss. Ich danke dir für deine Vergebung. Ich danke dir für diese schwere Versuchung, die mir die Möglichkeit gibt, zu beweisen, dass ich dich mehr liebe als alle Vergnügungen der Welt. Ich danke dir, dass die Versuchung nicht größer ist, als ich ertragen kann, und ich freue mich darüber, wie du sie in meinem Leben gebrauchen willst. Ich sehne mich danach, dich besser kennenzulernen, und ich bin froh, dass du mir diese Prüfung geschickt hast als Mahnung, wie verzweifelt ich dich brauche. Hilf mir, dass ich nicht vergesse, zu allen Zeiten und unter allen Umständen dir zu danken. Im Namen Jesu! Amen.«

Fragen zur Vertiefung

1. Unser wiederholtes Versagen lässt sich meist auf drei hauptsächliche Ursachen zurückführen:
a) Stolz, b) Triebhaftigkeit, c) Habgier. Lesen Sie 1. Mose 3,1-8 und versuchen Sie, in der Versuchung, in die Satan Adam und Eva geführt hat, diese drei Elemente zu finden.

2. Versuchen Sie, Ihre spezielle Versuchung auf eines oder mehrere der oben genannten Grundprobleme zurückzuführen. Zum Beispiel: Die Sünde des Zorns ist meist ein Ausdruck von Stolz und von fehlender Bereitschaft, jenen zu vergeben, die an uns schuldig geworden sind. Unsere Probleme mit sexuellem Verlangen werden durch Pornografie verstärkt, wenn wir glauben, dass diese Freuden größer sind als die Vorteile des Gehorsams gegenüber Gott.

3. Überlegen Sie sich einige Gestalten der Bibel, die ihre Sünde zu verbergen oder zu entschuldigen suchten. Was ergab sich daraus für sie selbst und für andere?

4. Nehmen Sie sich die Liste der »Werke des Fleisches« vor, die Paulus in Galater 5,19-21 niedergeschrieben hat, und beschreiben Sie die Art und Weise, in der jedes Werk ein Zeichen für die Rebellion gegen Gott ist.

5. Wenn Sie sich die spezielle Sünde vor Augen halten, die Sie gerne überwinden möchten, dann fragen Sie sich: *Was würde Gott an die Stelle dieser Gewohnheit setzen wollen?* Lesen Sie die Seligpreisungen und finden Sie die Charaktereigenschaften, die jenem Wesenszug entgegengesetzt sind, in dem Sie sich von Gott verändern lassen möchten (Matthäus 5,1-10). Nun verbringen Sie etwas Zeit im Gebet und bitten Gott, Ihre spezielle Versuchung als Mittel zu gebrauchen, um Ihren Charakter so zu formen, wie er ihn haben möchte.

Die Freiheit, am Kreuz zu leben

Vor dem Versuch, mit einer sündhaften Gewohnheit oder einem sündhaften Denkschema zu brechen, ruhten die Ketten der Gewohnheit so leicht auf Ihnen, dass Sie sie gar nicht spürten. Doch jetzt, wo Sie sie abwerfen wollen, erscheinen sie Ihnen zu stark, um sie zerbrechen zu können. Die Sünde erscheint nicht unwiderstehlich – bis zu dem Augenblick, wo Sie sich von ihr befreien wollen. In dem Augenblick, wo Sie ihr zu Leibe rücken, stellen Sie zu Ihrer Überraschung fest, dass ihre Macht zum größten Teil verborgen ist. Sie fühlen sich wie der Mann, der den Versuch unternahm, einen Sumpf trockenzulegen, und nicht wusste, dass dieser Sumpf durch einen unterirdischen Wasserlauf gespeist wurde.

Sie haben bereits einige Beispiele von Menschen gelesen, die von sündhaften Leidenschaften überwunden worden sind. Ihre unmittelbare Reaktion ist vielleicht, einen Angriff auf diese Gewohnheiten zu starten, zu lernen, wie man sie in den Griff bekommt, und genügend Stärke zu entwickeln, um zu sündhaften Versuchungen »Nein« zu sagen. Doch am Ende stehen Enttäuschung und bittere Mutlosigkeit. Denn Sie haben es mehr auf Ihr äußerliches Verhalten abgesehen statt auf den Kern Ihrer inneren Beweggründe. So werden Sie vielleicht den Sumpf trockenlegen, aber niemals den unterirdischen Zufluss stoppen.

Das Aufspüren der Quelle

Wussten Sie, dass alle sündhaften Gewohnheiten eine gemeinsame Quelle besitzen? Wir sind geneigt, manche Sünden für »weniger sündhaft« zu halten als andere. Ein Mann bemerkt vielleicht selbstgerecht: »Ich habe zwar ein heftiges Temperament, aber Sie werden mich nie betrunken erleben.« Oder eine Frau: »Ich habe zwar ein Problem mit Habgier und Unzufriedenheit, aber ich würde niemals die Ehe brechen.«

Es trifft zwar zu, dass manche Sünden schlimmere Folgen haben als andere. Die Gedanken von Wollust und Hass führen nicht zu den gleichen Konsequenzen wie die Tat des Ehebruchs oder des Mordes. In diesem Sinne sind nicht alle Sünden gleich. Aber unter einem anderen Gesichtspunkt sind alle Sünden im Wesentlichen dasselbe: Sie stammen aus derselben Quelle. Wir können Sünden nicht in eine Skala einordnen zwischen »ernst« und »geringfügig«. Manche Sünden mögen uns vielleicht belanglos erscheinen, Gott jedoch nicht – denn alle Sünden haben ihren Ursprung in unserer aufrührerischen, gottfernen Natur. Das Neue Testament verweist an vielen Stellen mit der Bezeichnung »das Fleisch« auf diesen Sachverhalt.

Vielleicht fragen Sie sich, was »das Fleisch« eigentlich ist. Es ist eine zwingende innere Kraft, die wir durch den Sündenfall geerbt haben. Sie manifestiert sich in einer allgemeinen und besonderen Rebellion gegen Gott. Mit geistlichen Begriffen bezeichnet man es oft als das »Ich« und bezieht sich damit auf das unstillbare Verlangen, die eigenen Interessen über die Sache Gottes zu stellen. Es zeigt sich insbesondere als Stolz, Triebhaftigkeit und Habgier. Unserer Natur nach schützen wir peinlich genau unseren Ruf, werden wir von den Trieben des Körpers gehetzt und wollen Dinge und Menschen besitzen, um unser Vertrauen nicht in Gott setzen zu brauchen.

Lesen Sie die folgenden Verse gründlich durch. Finden Sie darin die Folgen Ihrer speziellen sündhaften Gewohnheit wieder?

»Offenbar aber sind die Werke des Fleisches, welche sind: Hurerei, Unreinheit, Ausschweifung, Götzendienst, Zauberei, Feindschaft, Streit, Eifersucht, Zorn, Zank, Zwietracht, Sekten, Neid, Totschlag, Trunkenheit, Gelage und dergleichen« (Galater 5,19-21a).

Alle diese Sünden entsprießen dem gleichen Boden: dem Fleisch. Wir können uns nicht damit trösten, dass wir sagen, wir hätten zwar die eine Sünde, aber dafür eine andere nicht. »Das Fleisch« ist wie ein Baum mit den verschiedensten Arten von Zweigen, die allerlei Arten von Früchten tragen, aber alle Früchte sind Sünden. Bei mir sind es vielleicht Wutanfälle, bei Ihnen könnte es sich vielleicht in Eifersucht oder Stolz ausdrücken. Doch wir beide werden vom »Fleisch« gelenkt, obwohl wir unterschiedliches Verhalten an den Tag legen und ein unterschiedliches Temperament haben. Deshalb ist Selbstgerechtigkeit, die immer zu Vergleichen neigt, Gott so besonders verhasst. Sie erwächst aus einer oberflächlichen Meinung über die Sünde (»Meine Sünde ist nicht so schlimm wie deine«) und einer ebenso oberflächlichen Meinung über Gott (»Ich erreiche ohne Zweifel noch seine Normen«).

Die Bibel räumt mit solcher Eitelkeit auf. Alle haben gesündigt; alle erfüllen von Natur aus die Wünsche des Fleisches und der Gedanken (Römer 3,23). Wir denken vielleicht, unsere Sünde sei von untergeordneter Bedeutung, doch sie braucht dieselbe durchgreifende Behandlung wie die eines Verbrechers, dessen ganzes Leben von einem perversen Verhalten verzerrt ist. Unser und sein »Fleisch« sind das gleiche. Er hat vielleicht nicht unsere Vorteile genossen, oder vielleicht wurden wir durch die Gnade Gottes vor diesem Verhalten bewahrt. In beiden Fällen wäre Stolz eine Sünde.

Das mag in den Ohren derer, die ihre sündhafte Gewohnheit bisher für belanglos hielten, *ent*mutigend klingen, doch es sollte gerade all jene *er*mutigen, die für sich keine Hoffnung mehr sehen. Ein sündhaftes Verhaltensschema unterscheidet sich im Grunde nicht von dem aller anderen Menschen. Manche Gewohnheiten sind stärker eingewurzelt als andere, doch das Heilmittel Gottes ist für alle so ziemlich das gleiche.

Das Fleisch bzw. das Ich ist so sehr Teil unseres Wesens, dass wir seine Gegenwart oft nicht einmal erkennen. Nur für den Fall,

dass Sie noch meinen, Sie seien seinem Einfluss bisher entgangen, nenne ich einige Fragen, über die Sie nachdenken sollten. Entdecken Sie in sich folgende Regungen:
– ein geheimer Geist des Stolzes; starkes Unabhängigkeitsstreben; Starrheit und Übergenauigkeit; legen Sie übertrieben Wert auf Ihren Erfolg oder Ihre Stellung, auf Ihre gute Ausbildung und Erscheinung, auf Ihre natürlichen Gaben und Fähigkeiten?
– Spaß am Lob durch andere; eine geheime Freude daran, bemerkt zu werden; Empfänglichkeit für Schmeicheleien; Spaß an Überlegenheit; lenken Sie die Aufmerksamkeit bei Gesprächen auf die eigene Person, und verschafft es Ihnen Genugtuung, wenn Sie Gelegenheit haben zu öffentlichem Sprechen oder Beten?
– Zorn oder Ungeduld, die Sie, was am schlimmsten ist, »Nervosität« oder »heiligen Zorn« nennen; Empfindlichkeit und Reizbarkeit; die Neigung, keinen Widerspruch zu dulden; das Verlangen, anderen scharfe, hitzige Worte an den Kopf zu werfen?
– Eigenwille; Eigensinn und Unbelehrbarkeit; Streitsucht und Geschwätzigkeit; harte, sarkastische Ausdrücke; Neigung zu Unnachgiebigkeit und Starrköpfigkeit; Launenhaftigkeit und Missmut; ungeduldiges Drängen und Erzwingen; Neigung zum Kritisieren und zur Haarspalterei, wenn andere Sie übersehen oder übergangen haben; Empfänglichkeit für Schmeicheleien; Wunsch, von anderen unterhalten zu werden?
– Angstgefühle; Menschenfurcht; übergroße Nachgiebigkeit; Angst vor Vorwürfen; Scheu vor Pflicht und Verantwortung; Leidensscheu; Hemmungen gegenüber Menschen mit Geld oder in gehobener Stellung; Angst davor, dass jemand anders durch sein Verhalten einen Prominenten vergraulen könnte?
– Neigung zur Eifersucht; tief im Herzen verschlossener Neid; unerfreuliches Gefühl angesichts des Wohlstands oder Erfolgs anderer; die Neigung, mehr über die Fehler und das

Versagen von begabteren und angeseheneren Menschen zu reden als über ihre Gaben und Tugenden?
- Neigung zu Unehrlichkeit und Betrügerei; falsche Bescheidenheit; Übertreibungen und Verdrehungen der Wahrheit; Umgehen und Verbergen der Wahrheit; Verschleiern Ihrer wirklichen Fehler und Vorspiegelung von Tatsachen, durch die andere einen besseren Eindruck von Ihnen bekommen?
- Unglauben; Mutlosigkeit in Zeiten von Druck oder Widerstand; Mangel an Frieden in Gott und Zuversicht zu ihm; Mangel an Glauben an Gott und Vertrauen auf ihn; Neigung zu Jammern und Klagen über Gottes Führung, besonders bei Schmerz oder in Not; Überängstlichkeit, ob auch ja alles gut wird?
- Gesetzlichkeit; Gefühllosigkeit; Gleichgültigkeit gegenüber der Verlorenheit der Menschen; Mangel an Kraft von Gott?

Die Lösung Gottes

Wie gut, dass Gott den Entschluss fasste, sich um unsere missliche Lage zu kümmern. Der Tod seines Sohnes bringt uns die Befreiung von der Enttäuschung über unser unerfülltes Leben. In dem einen Augenblick genießen wir die Werke des Fleisches, doch schon im nächsten hassen wir uns selbst für das, was wir getan haben. Wir beschließen, uns zu ändern, doch später fallen wir in die gleichen alten Sünden zurück.

Jesu Tod hat viele Ziele erreicht. Das Kreuz ist die Grundlage für unsere Vergebung und zugleich die Grundlage für unsere geistliche Freiheit – für die Befreiung von unseren hartnäckigen Gewohnheiten. Um richtig zu würdigen, was Christus für uns tat, sollten Sie sich mit zwei Ausdrücken vertraut machen: »in Adam« und »in Christus«.

Als Adam sündigte, wurde die ganze menschliche Rasse ins

Chaos gestürzt. Seine Nachkommen haben sich von dieser Katastrophe nie erholt. Wir haben unsere sündhafte Natur von unseren Eltern, Großeltern und Urgroßeltern geerbt; unsere Ahnenreihe lässt sich bis zum Garten Eden zurückführen.

So, wie ein Kind in eine verschuldete Familie hineingeboren werden kann (und das Kind daher die Schulden miterbt), erben wir die sündhafte Natur unseres Urahnen Adam. Und wenn wir unsere sündhafte Natur gewähren lassen, bringt sie uns dazu, auf schädliche Weise zu handeln.

Doch durch den Tod Christi ist eine andere Situation entstanden: Die Gläubigen sind nicht mehr »in Adam«, sondern »in Christus«. Gott löst uns von dieser Vergangenheit, und Christus wird unser neuer Ahnherr im geistlichen Sinne. Deshalb spricht Paulus mehr als einhundert Mal davon, dass die Gläubigen »in Christus« sind. Das ist die Grundlage für ein ganz neues Leben.

Das hört sich alles ziemlich theoretisch an. Besitzt diese Veränderung der Beziehungen irgendeinen Wert? Schließlich haben Sie nach Ihrer Bekehrung genauso ausgesehen wie vorher, sich genauso gefühlt und (leider) oft auch noch genauso gehandelt. Oberflächlich betrachtet sieht es so aus, als sei das »In-Christus«- oder »In-Adam«-Sein nur eine Frage von Worten.

Das ist keineswegs der Fall. Stellen Sie sich ein Kind vor, das durch Adoption von einer Familie in eine andere übernommen wird. Der Vorgang der Adoption verändert weder sein Aussehen noch seine Handlungen. Doch wenn es aus einer Sklavenfamilie in eine Königsfamilie kommt, dann erbt es ganz neue Beziehungen. Es gewinnt neue Privilegien und neue Verpflichtungen. Deshalb konnte Paulus schreiben: »Daher, wenn jemand in Christus ist, da ist eine neue Schöpfung; das Alte ist vergangen, siehe, Neues ist geworden« (2. Korinther 5,17).

Folgendes geschieht: Gott setzt alle Gläubigen mit Christus gleich, und zwar nicht auf eine mystische oder theoretische Weise, sondern durch Veränderung unseres rechtlichen Status. Vor unserer Bekehrung waren wir verpflichtet, den sündhaften

Impulsen unserer gefallenen Natur zu gehorchen. Selbst wenn wir der Sünde überdrüssig wurden und beschlossen, uns zu ändern, konnten wir höchstens unser Leben umstellen. Doch eine Verwandlung unseres Inneren war uns nicht möglich.

Gott hat das getan, was uns nicht möglich war. Er hat uns eine neue Natur geschenkt und die persönliche Gegenwart und Kraft des Heiligen Geistes beschert, damit wir zu unserer alten Natur »Nein« sagen können.

Um sich ein Bild davon zu machen, was Gott getan hat, sollten Sie sich einmal vorstellen, Sie seien Bewohner eines Mietshauses, in dem Ihnen der Hausbesitzer das Leben zur Hölle macht und eine überhöhte Miete verlangt. Er behandelt Sie schlecht, dringt in Ihre Wohnung ein, zertrümmert die Einrichtung und gibt Ihnen dann dafür die Schuld. Eines Tages geht das Haus an einen neuen Eigentümer über. Sie haben dann einen freundlichen Hausbesitzer, der Sie einlädt, mietfrei in seinem Haus zu wohnen. Und nicht nur das: Er repariert sogar Ihre ganze zerstörte Einrichtung! Sie sind erleichtert, dankbar und sehen einer friedlichen Zukunft entgegen.

Ein paar Stunden später klopft es an der Tür. Zu Ihrem Erstaunen steht Ihr alter Hausbesitzer draußen und sieht so boshaft und fordernd aus wie immer. Er bedroht Sie und erinnert Sie daran, dass Sie die Wohnung bei ihm viele Jahre lang gemietet hätten und deshalb verpflichtet seien, das zu tun, was er wolle.

Was würden Sie dann tun? Ihm von sich aus Widerstand zu leisten, ist nutzlos – er ist bedeutend kräftiger als Sie. Das Beste ist, wenn Sie ihn daran erinnern, dass Sie nun in einem neuen Vertragsverhältnis stehen; er müsse sich Ihretwegen an den neuen Hauseigentümer wenden.

Welche Verpflichtung haben Sie Ihrem alten Hausbesitzer gegenüber? Ihr früherer Hausherr hat ebenso wenig Recht, von Ihnen eine Bezahlung zu fordern, wie von denen, deren Namen in den Todesanzeigen erscheinen. Daher ermahnt uns Paulus: »So auch ihr, haltet dafür, dass ihr der Sünde tot seid,

Gott aber lebend in Christus Jesus« (Römer 6,11). Ihre Autorität, so zur Sünde »Nein« zu sagen, stammt von Gott. Auch wenn wir vor unserer Bekehrung gebunden waren, unserer ererbten, sündhaften Natur zu dienen, bedeutet das nicht, dass alles böse war, was wir taten. Die meisten Menschen sind in der Lage, ihre Wünsche zu lenken, und sind fähig zu Mitleid und Anstand.

Jedoch waren wir damals nie frei von Enttäuschungen über unerfüllte Wünsche und unbefriedigte Leidenschaften. Stolz, Habgier und Triebhaftigkeit waren unser Motor. Als Gläubige, die Christus teuer erkauft hat, sind wir nun ihm untertan. Durch den Heiligen Geist hat er uns die Kraft gegeben, »Nein« zu unserer sündhaften Natur und »Ja« zu einem neuem Leben »in Christus« zu sagen.

Das Wachsen des neuen Lebens

Wie wenden Sie nun dieses Wissen an, wenn Sie mit einer bestimmten Gewohnheit brechen wollen? Zuerst müssen Sie klar erkennen, dass Sie in Christus für Ihre sündhaften Leidenschaften rechtlich gesehen bereits tot sind. An diesem Punkt schrecken viele Menschen zurück. Sie denken: »Ich muss sterben; ich muss darum beten, dass Gott mich kreuzigt, damit ich in Christus lebendig werde.« Aber genau an diesem Punkt haben Sie unrecht. Für die Sünde tot zu sein, ist nicht etwas, was Gott Ihnen verheißt; es ist kein Akt, um den Sie ihn bitten können. Er erklärt dies einfach als Tatsache, die schon vollendet ist. Ihre Fehler und Sünden können nicht an dem rütteln, was Gott gesagt hat. Nur weil Ihnen eingeredet wurde, Ihrem alten Hausbesitzer zu gehorchen, ändert das nichts an der Tatsache, dass ein neuer Eigentümer da ist. Es bedeutet nur, dass Sie vergaßen, zu seinem erpresserischen Ansinnen zuversichtlich »Nein« zu sagen.

Nehmen wir einmal an, Sie seien ein gläubiger Christ, der in Furcht lebt – vielleicht Furcht vor Menschen, vor Krebs oder vor der Einsamkeit. Dann müssen Sie diese Ängste als Rechnung von Ihrem alten Hausbesitzer erkennen. Denken Sie daran, dass Sie nicht auf ihn hören müssen – geschweige denn das tun müssen, was er Ihnen vorschlägt. Tragen Sie die Sache Ihrem neuen Hausherrn vor. Sie sind nicht länger an jene alten Verpflichtungen gebunden.

Zweitens müssen Sie die Notwendigkeit des Glaubens in Ihrem täglichen Leben zugeben. Dass Christi Opfer auch Ihnen gilt, ist nichts, was bewiesen werden kann; das ist nicht so wie die Tatsache, dass Sie mit eigenen Augen sehen könnten, dass die Sonne scheint. Und selbst, wenn die Gültigkeit von Christi Opfer für uns durch eigene Erfahrung bewiesen werden könnte, kämen viele von uns in Schwierigkeiten. Ein ehrlicher Blick auf unser Leben stützt kaum die Tatsache, dass wir der Sünde abgestorben sind und in Gott lebendig sind. Doch wenn wir einmal verstehen – mit der Hilfe des Heiligen Geistes –, dass unsere Bindungen an die Sünde bereits zerbrochen worden sind, dann beginnen wir zu erkennen, dass Gott uns nicht betrogen hat. Wenn wir unsere Aufmerksamkeit auf das vollbrachte Werk des Kreuzes lenken und auf unseren Vorrechten bestehen, dann wird sich unser altes Ich der Autorität Gottes unterwerfen. Durch den Glauben – und nur durch den Glauben – erleben wir unseren Sieg persönlich.

Lassen Sie mich noch hinzufügen, dass die Freiheit von der Sünde niemals etwas Automatisches ist. Jeder Zentimeter muss erkämpft werden. Niemandem fällt die geistliche Reife in den Schoß, selbst wenn er von seinem Status her in Christus bereits vollkommen ist. Die Lektüre eines Buches wie dieses hier birgt die Gefahr, dass wir vielleicht dazu neigen, hierin nach Formeln für eine neue geistliche Methode zu suchen. Doch es gibt keinen Ersatz dafür, Gott zu suchen, sein Wort zu lesen und der von ihm offenbarten Wahrheit zu gehorchen.

Im Leben des Christen geht es um eine wachsende Beziehung zu Jesus Christus. Die Bedeutung seines Kreuzes für Ihr Leben anzuwenden, ist keine einmalige Handlung. Es genügt auch nicht, dies jede Woche oder nur einmal am Tag zu tun. Augenblick für Augenblick verläuft dieser alltägliche Prozess. Wenn Sie gegenüber dem Werk des Heiligen Geistes in Ihrem Leben empfänglich werden, werden Sie entdecken, dass eine Lebensweise daraus wird, »Nein« zum Fleisch und »Ja« zu Christus zu sagen. Im nächsten Kapitel werden Sie lernen, den Sieg Christi auf sich persönlich anzuwenden.

Fragen zur Vertiefung

1. Wenn Sie dies nicht schon getan haben, dann ist es jetzt an der Zeit, eine Bestandsaufnahme Ihres Lebens durchzuführen und sich die Frage zu stellen: Welche Verhaltensmuster oder Gedanken müssen Sie von Gott verändern lassen?

2. Lesen Sie Römer 6 – 8 und unterstreichen Sie sorgfältig, wie oft Paulus den Ausdruck »von der Sünde frei« oder einen entsprechenden Begriff verwendet. Finden Sie in jedem Fall heraus, was Paulus als Grundlage für Ihre Freiheit angibt.

3. Je klarer wir die weitreichenden Wohltaten des Kreuzes sehen, desto stärker entwickeln wir in unserem Leben die Gewohnheit des Lobpreises. Beginnen Sie diese Gewohnheit damit, dass Sie Gott dreimal am Tag für den Sieg danken, den Christus für Sie vollbracht hat.

4. Beginnen Sie jeden Tag vor dem Kreuz. Nehmen Sie sich Zeit,
    a) Christus dafür zu danken, dass er die Probleme, die an diesem Tag auf Sie zukommen werden, bereits überwunden hat,
    b) im Glauben den Sieg anzunehmen, den Christus am Kreuz errungen hat, ehe Sie von der Sünde versucht werden.

Die Kraft des Heiligen Geistes

Vor vielen Jahren, als auf Jamaika die Sklaverei offiziell abgeschafft wurde, erfuhren einige Sklaven in den entfernter liegenden Gebieten nichts von ihrer Freiheit. Jahre nach der Verkündigung ihrer Freilassung dienten sie noch immer ihren Herren in Unkenntnis der Tatsache, dass sie nach dem Gesetz frei waren. Ihre Besitzer hielten die Nachricht so lange wie möglich von den Sklaven fern in der Hoffnung, noch möglichst viel Arbeitskraft aus ihren Gefangenen herauspressen zu können. Die Sklaven hätten sich dieser Schinderei nicht zu unterwerfen brauchen – es geschah einzig und allein wegen ihrer Unkenntnis.

Jesus Christus ist die Proklamation der Freiheit, die jedem Gläubigen gilt. Wir haben bereits gelernt, dass unsere Verbindung mit ihm uns berechtigt, an seinem Sieg teilzuhaben. Doch wie wird nun sein Sieg im Einzelnen in unsere Erfahrung umgesetzt? Die Antwort liegt in dem persönlichen Wirken des Heiligen Geistes. Er vermittelt uns die Stärke Christi. Er stillt unseren geistlichen Durst. Wir wollen uns einmal ansehen, was Christus über das Wirken des Heiligen Geistes sagt.

Als Jesus Christus das Laubhüttenfest in Jerusalem besuchte, war er tief berührt von der Sinnentleerung der Gottesdienstformen, die die Juden pflichtschuldigst erfüllten. An einem Tag, so haben es gelehrte Männer herausgefunden, ging eine Gruppe weiß gekleideter Priester hinab zum Teich Siloah. Sie füllten ihre Krüge mit Wasser aus dem Teich, gingen zum Tempel zurück und gossen das Wasser in Gegenwart der Menschen aus. Dies sollte zur Erinnerung daran dienen, wie Gott Israels Bedarf an Wasser während der Wanderung durch die Wüste gestillt hatte.

Diese Zeremonie war eine wunderbare Erinnerung an das, was Gott getan hatte, doch den Menschen entging ihre geistliche Bedeutung – dass Gott auch ihren geistlichen Durst löschen will.

In der Schrift heißt es: »An dem letzten, dem großen Tag des Festes aber stand Jesus da und rief und sprach: Wenn jemand dürstet, so komme er zu mir und trinke! Wer an mich glaubt, wie die Schrift gesagt hat, aus dessen Leib werden Ströme lebendigen Wassers fließen. Dies aber sagte er von dem Geist, den die an ihn Glaubenden empfangen sollten« (Johannes 7,37-39). Jesus sagte den Beginn einer neuen Zeit voraus, in der der Heilige Geist auf sein Volk ausgegossen werden wird.

Beachten Sie sorgfältig, dass die Grundlage der Gabe des Heiligen Geistes die Verherrlichung Jesu Christi ist. Der Geist, so sagte Jesus, könne seinem Volk erst gegeben werden, wenn er verherrlicht sei. Gott schenkt den Heiligen Geist nicht, weil wir uns für ihn abquälen oder fasten, sondern weil Jesus zum Himmel aufgefahren ist. In der Zeit des Alten Testaments war das Werk des Heiligen Geistes eingeschränkt; nach der Himmelfahrt Christi wurde der Geist jedem Gläubigen geschenkt.

Beachten Sie die Worte Jesu an seine Jünger: »Doch ich sage euch die Wahrheit: Es ist euch nützlich, dass ich weggehe, denn wenn ich nicht weggehe, wird der Sachwalter nicht zu euch kommen; wenn ich aber hingehe, werde ich ihn zu euch senden« (Johannes 16,7). Jesus konnte seiner Gemeinde den Geist erst schenken, als er die Erde physisch verlassen hatte. Er musste zuerst verherrlicht werden, bevor der Geist auf sein Volk ausgegossen werden konnte.

Stellen Sie sich das so vor: Der Tod Jesu Christi am Kreuz ist die Grundlage dafür, dass uns vergeben werden kann. Weil er unsere Strafe auf sich genommen hat, können wir Vergebung der Sünden ohne irgendwelche Vorbedingungen erlangen. Das Einzige, was wir brauchen, ist Vertrauen – wir müssen unseren Glauben von unserer eigenen Person auf Christus allein übertragen. Ähnlich ist die Grundlage für den Empfang des Heiligen Geistes Christi Himmelfahrt und Verherrlichung. Wir müssen nicht um Vergebung betteln oder uns für den Geist abquälen;

auch das Wasser des Lebens wird frei geschenkt und durch den Glauben empfangen.

Seit der Verherrlichung Christi und der Ausgießung des Heiligen Geistes am Pfingsttag hat jeder Gläubige ihn empfangen (Römer 8,9; 1. Korinther 6,19). Wir müssen nicht ängstlich danach streben oder ständig das Gefühl haben, unwürdig zu sein, ihn zu empfangen. Der Geist ist bereit, unseren Durst zu löschen, doch niemals übernimmt er automatisch die Steuerung unseres Lebens.

Wie empfangen wir die Kraft des Geistes?

Kennen Sie die Reaktion vieler Christen, wenn man mit ihnen über die Fülle des Heiligen Geistes redet? Sie sagen: »Das ist gut und schön für andere, aber ich bin nicht gut genug. Ich kann mich dafür nicht qualifizieren. Wenn ich mich mehr dem Glauben widmen und mehr Zeit mit Bibellesen und Gebet zubringen würde, dann wäre ich vielleicht würdig, im Geist zu wandeln.«

Doch das bedeutet, das Pferd vom Schwanz her aufzuzäumen. Der Heilige Geist wird uns nicht gegeben, weil wir geistlich rundherum in Ordnung sind; er wird uns gegeben, damit wir geistlich in Ordnung kommen! Ich bin immer wieder betroffen über die Worte des Paulus: »Ich sage aber: Wandelt im Geist, und ihr werdet die Lust des Fleisches nicht vollbringen« (Galater 5,16). Beachten Sie die Reihenfolge. Paulus sagt nicht, dass wir im Geist wandeln werden, wenn wir aufhören, den Wünschen des »Fleisches« nachzugeben; vielmehr werden wir die Wünsche des »Fleisches« dann nicht erfüllen, wenn wir im Geist wandeln.

Diese Reihenfolge zu beachten, ist unglaublich wichtig. Viele Christen schieben oft jeglichen Gedanken an einen Wandel im Geist von sich, weil sie sich dafür für nicht gut genug halten. Ihr Leben ist viel zu sehr erfüllt von fleischlichen Kämpfen. Aber das ist genauso, als wollte ein Kranker erst dann eine Arznei einnehmen, wenn er wieder gesund ist und sich für wertvoll genug für die Arznei hält! Der einzige Sinn der Arznei ist ja, uns wieder gesund zu machen. Sie wird den Kranken gegeben, nicht den Gesunden. So wird auch der Geist geschenkt, damit wir in der Lage sind, die Macht der Sünde zu zerbrechen. Wir müssen das nicht aus eigener Anstrengung heraus tun, ehe wir die Kraft des Geistes empfangen.

Stellen Sie sich vor, jemand würde sagen: »Ich bin nicht gut genug, um errettet zu werden; ich werde warten, bis ich mich so weit gebessert habe, dass ich zu Christus kommen kann.« Wir würden diesem Menschen hoffentlich umgehend darlegen, dass die Errettung ja gerade für Sünder gedacht ist. Keiner von uns ist je gut genug, um errettet zu werden; wir werden errettet wegen Gottes überströmendem Großmut in Jesus Christus. Ein Mensch, der sagt, er sei dafür nicht gut genug, erfasst die entscheidende Wahrheit über Jesu Tod nicht.

Das Gleiche gilt aber auch für den Heiligen Geist. So wie Jesu Tod uns die Vergebung beschert, so beschert Jesu Himmelfahrt und Verherrlichung uns den Heiligen Geist. Und wenn der Geist in unser Leben kommt, dann ist das nicht irgendein hübsches Beiwerk, sondern er wohnt in uns, um uns zu lenken.

Mir scheint, wir verkomplizieren oft die Erfordernisse für einen Wandel im Geist viel zu sehr. Wir betonen Hingabe, Unterwerfung und Disziplin als Voraussetzungen für den Empfang des Heiligen Geistes und fürs Wandeln in seiner Kraft. Wenn ich Bücher lese, in denen sieben Schritte für die Erfüllung mit dem Geist genannt werden, oder andere, die mit vier Schritten auskommen, dann frage ich mich: »Kann denn auch nur einer unter uns sicher sein, dass er alle diese Voraussetzungen voll und ganz erfüllt?« Wird nicht die Kraft des Geistes uns Sündern geschenkt, damit wir erfüllt werden mit Hingabe und Zucht, ohne dass von uns all diese Eigenschaften zuvor erwartet werden?

Beachten Sie die Worte Christi: »Wenn jemand dürstet, so komme er zu mir und trinke!« Die einzige Anforderung ist ein Durst, der uns zu ihm hinzieht. Wir müssen keine Superheiligen sein, sondern nur einfach durstige Sünder. Darum konnte Christus das lebendige Wasser einer Frau anbieten, die fünf Ehemänner gehabt hatte und nun in wilder Ehe lebte. Er verhieß, dass aus ihr lebendiges Wasser quellen würde, das ihren seelischen und geistlichen Durst löschen könne (Johannes 4,10-14).

Haben Sie Durst? Fühlen Sie sich, wie es mir oft geschehen ist, wie ein Apfelbaum, der in der Wüste zu gedeihen versucht? Dann sind Sie ein Kandidat für das Leben und die Kraft des Heiligen Geistes.

Leben im Geist

Es besteht ein direkter Zusammenhang zwischen einem Wandel im Geist und dem Bruch mit einer sündhaften Gewohnheit. Viele Menschen sind heute drogenabhängig. Vielleicht wollten sie am Anfang einfach nur mal »high« sein, einen Kick erleben oder einfach cool wirken, aber jetzt sind sie süchtig. Zur Zeit des Neuen Testaments waren Drogen, wie wir sie heute kennen, nicht erhältlich. Doch viele berauschten sich mit Wein, was Paulus dazu brachte, den Gläubigen in Ephesus zu schreiben: »Und berauscht euch nicht mit Wein, in dem Ausschweifung ist, sondern werdet mit dem Geist erfüllt ...« (Epheser 5,18). All denen, die gegen Süchte und Abhängigkeiten in irgendeiner Form ankämpfen, bietet die Bibel einen anderen Weg an: Lassen Sie sich vom Geist steuern, nicht von Drogen oder Alkohol oder irgendeiner anderen hartnäckigen Gewohnheit. Die Kontrolle durch den Geist wird die Kontrolle durch die Sünde ersetzen. Seine Macht ist größer als die Macht all Ihrer Sünden.

Vielleicht sagen Sie jetzt: »Schön und gut, mein Lieber, aber wie bekomme ich die Hilfe des Heiligen Geistes?« Fangen Sie damit an, dass Sie »klar Schiff« machen. Bekennen Sie Ihre Sünde – denn die Sünde muss bekannt werden –, und empfangen Sie Gottes Vergebung. Stützen Sie sich auf 1. Johannes 1,9: »Wenn wir unsere Sünden bekennen, so ist er treu und gerecht, dass er uns die Sünden vergibt und uns reinigt von aller Ungerechtigkeit.«

Dann denken Sie daran, dass der Heilige Geist Sie mit Kraft erfüllen will. Meinen Sie nicht, er sei zurückhaltend und begnüge sich nur mit dem Beifahrersitz Ihres Lebens! Er nimmt in Ihnen Wohnung mit dem ausdrücklichen Ziel, Präsident zu werden. Er wird seine Macht jedoch niemals unabhängig von Ihrem Glauben ausüben. Wenn Sie ihn bitten, Ihr Leben zu steuern, dann glauben Sie doch auch, dass er das tun wird!

Vielleicht fühlen Sie sich unwürdig oder denken, dass es einen besseren Zeitpunkt dafür geben wird. F. B. Meyer berichtet von seiner Erfahrung: »Ich verließ die Gebetsversammlung und schlich hinaus auf die Gasse und betete: ›Herr, wenn es je einen Menschen gegeben hat, der die Kraft des Heiligen Geistes brauchte, dann bin ich es. Aber ich weiß nicht, wie man ihn empfängt, ich bin zu müde, zu abgekämpft, zu nervös, um mich abzuquälen.‹ Da sprach eine Stimme zu mir: ›Wie du die Vergebung aus der Hand des sterbenden Christus entgegengenommen hast, so nimm den Heiligen Geist aus der Hand des lebendigen Christus.‹« Meyer fährt fort: »Ich habe ihn zum ersten Mal hingenommen, und ich habe seither nie aufgehört, ihn zu nehmen.«

Wie wurden Sie erlöst? Indem Sie sich auf den *Tod* Christi verließen. Wie empfangen Sie die Kraft des Heiligen Geistes? Indem Sie sich auf die *Himmelfahrt* Christi verlassen. Beides geschieht durch den Glauben. Deshalb schreibt Paulus: »Wie ihr nun den Christus Jesus, den Herrn, empfangen habt, so wandelt in ihm« (Kolosser 2,6).

Durch den Glauben – nicht durch ein besonderes Gefühl – werden Sie vom Heiligen Geist erfüllt. Manche Christen denken fälschlicherweise, die Erfüllung mit dem Geist sei ein sensationelles Ereignis. Sie erwarten Wogen der Liebe, ein überwältigendes Gefühl des Friedens oder die Fähigkeit, in fremden Zungen zu sprechen. Sie haben den – aus dem »Fleisch« kommenden – Wunsch, im Schauen und nicht im Glauben zu wandeln. Wir finden es schwierig, Gott beim Wort zu nehmen, und wie die Pharisäer bitten wir um Zeichen, damit wir glauben können.

Gott erfreut sich jedoch daran, wenn wir an ihn glauben, ohne nach seelischen Krücken zu verlangen. So wie ein frisch zum Glauben Gekommener Gottes Verheißungen – unabhängig von Gefühlen – in Anspruch nehmen muss, so können wir täglich die Kraft des Heiligen Geistes empfangen – ebenso unabhängig von Gefühlen.

Leben durch Lobpreis

Die Führung des Heiligen Geistes in Ihrem Leben wird bedeutend erleichtert, wenn Sie die Kraft des Lobpreises kennenlernen. »Wer Lob opfert, verherrlicht mich, und wer seinen Weg einrichtet, ihn werde ich das Heil Gottes sehen lassen« (Psalm 50,23). Paulus drückte dies so aus: »Danksagt in allem, denn dies ist der Wille Gottes in Christus Jesus für euch« (1. Thessalonicher 5,18).

Wenn wir jetzt diese Aufrufe, Gott zu preisen, lesen, können wir leicht in zwei Irrtümer verfallen. Einmal meinen wir vielleicht, dass wir Gott nur für die guten Dinge danken sollten, die er uns beschert – wie Gesundheit, Nahrung, Kleidung und andere Segnungen. Der zweite Irrtum wäre die Vermutung, wir sollten Gott nur loben, wenn wir uns danach fühlen. Doch Paulus schreibt: »Danksagt in *allem*.« Damit sind alle Lebensumstände gemeint, die angenehmen wie die unangenehmen.

Es fällt mir außerordentlich schwer, Gott zu danken, wenn ich Schwierigkeiten in meinen persönlichen Beziehungen habe und alles andere, was wirklich von Bedeutung ist, schiefläuft. Doch erst, wenn wir uns entschließen, auch für die unerfreulichen Dinge in unserem Leben zu danken, beginnen wir, sie aus dem Blickwinkel Gottes zu betrachten. Vor allem aber leben wir im Unglauben, wenn wir nicht für alle Dinge danken, denn wir gehen dann davon aus, dass unsere Lebensumstände nicht von einem Gott gesteuert werden, der uns liebt! Ich sage nicht, dass Sie für die Sünde dankbar sein sollen, aber danken Sie Gott dafür, wie er diese in Ihrem Leben gebraucht, um Sie zu lehren, zu tadeln oder zu demütigen.

Auch können Sie es lernen zu danken, selbst wenn Sie sich nicht besonders dankbar fühlen. Wenn Gott ein Gebot erteilt, dann erwartet er Gehorsam, ob Sie nun in der passenden Stimmung dazu sind oder nicht. Dankbarkeit ist wie die Vergebung nicht nur Gefühl, sondern eine intelligente Reaktion auf die Gnade Gottes, die auf sein Wort gegründet ist. Es ist Ihre Bestimmung, gehorsam zu sein.

Sie könnten folgendermaßen vorgehen: Nennen Sie Ihre Sünde beim Namen und danken Sie Gott dafür, dass Sie schon über sie gesiegt haben. Als Jesus am Kreuz starb, erwarb er Vergebung und Freiheit. Danken Sie Gott für beides, etwa mit folgenden Worten: »Vater, ich danke dir dafür, dass ich ›in Christus‹ sein darf. Ich danke dir dafür, dass diese meine Stellung sicher und unverrückbar ist. Ich danke dir dafür, dass ich in ihm bereits den Sieg über die Sünde errungen habe, die mich im Griff hatte. Ich danke dir dafür, dass ich frei bin.« Bald wird Ihre Erfahrung mit dem Schritt halten, was Gott ihnen bereits in Christus geschenkt hat.

Danksagung ist jedoch keine einmalige Sache. David schrieb: »Den Herrn will ich preisen *allezeit*, beständig soll sein Lob in meinem Mund sein« (Psalm 34,1). Aber wie wird nun der Lobpreis zu einem Lebensstil, einer täglichen Gewohnheit, die wichtiger ist und regelmäßiger sein soll als das Schnüren der Schuhbänder oder das Kämmen der Haare?

Sie lernen das Loben nicht an einem einzigen Tag, vor allem, wenn Sie sich schon seit Jahren in Klagen übten! Neue Gewohnheiten brauchen Zeit, um sich zu entwickeln. Doch Sie können heute damit anfangen und morgen und an jedem neuen Tag üben, bis es Teil Ihres Lebens geworden ist. »Lasst das Wort des Christus reichlich in euch wohnen, indem ihr in aller Weisheit euch gegenseitig lehrt und ermahnt mit Psalmen, Lobliedern und geistlichen Liedern, Gott singend in euren Herzen in Gnade« (Kolosser 3,16).

Der Heilige Geist ist bereit. Sind Sie es auch?

Fragen zur Vertiefung

1. Paulus nennt neun Früchte des Geistes (Galater 5,22-23). Welche treten in Ihrem Leben am stärksten in Erscheinung? Welches sind die am wenigsten offenkundigen? Nehmen Sie sich jetzt etwas Zeit, Gott zu bitten, Ihnen in jenen Bereichen zu helfen, in denen Sie einen Mangel erkannt haben.

2. Überlegen Sie vor allen Dingen, auf welche Weise die Frucht des Geistes noch weiter gefördert werden kann. Folgende Fragen können Ihnen dabei behilflich sein:
   - Welche Schwierigkeiten in Ihrem Leben behindern das Wirken des Heiligen Geistes? Uneingestandene Sünden? Angespannte persönliche Beziehungen? Mangel an Hingabe und Einsatz für Gott? Verbringen Sie wenig oder gar keine Zeit mit Bibellesen oder Gebet?
   - Haben Sie Gott je darum gebeten, Sie durch seinen Geist zu lenken? Denken Sie daran, dass wir oft etwas nicht haben, weil wir ihn nicht darum bitten (Jakobus 4,2). Warum danken Sie ihm nicht einfach jeden Tag für seine Führung in dem Wissen, dass er Ihnen Kraft geben wird?

3. Die wichtigste Voraussetzung zur Freisetzung der Kraft des Heiligen Geistes in unserem Leben ist der Glaube. Unser Glaube wird dadurch gestärkt, dass wir a) das Wort Gottes zum Zentrum unserer Aufmerksamkeit machen und b) die Gewohnheit des Lobpreises entwickeln. Schreiben Sie einige kreative Möglichkeiten auf, wie Sie diese Übungen zu einem Teil Ihres Tagesablaufs machen können.

4. Verbringen Sie – unabhängig von Ihren momentanen Lebensumständen – jetzt in diesem Moment einige Zeit im Gebet und danken Sie Gott für das, was er ist und was er für Sie getan hat. Bitten Sie ihn, den Dankbarkeits-Aspekt Ihres täglichen Gebetslebens von größerer Bedeutung werden zu lassen.

Die Erneuerung Ihres Geistes

Sie werfen all Ihre Angst auf Gott, doch schon eine Stunde später lastet sie wieder schwer auf Ihren Schultern? Sie bitten Gott, Ihr Temperament zu steuern, doch Sie fahren immer noch immer wieder aus der Haut? Sie erwarten von Gott, dass er Sie vor wollüstigen Gedanken bewahre, doch am nächsten Tag können Sie sich einfach nicht die große Blonde aus dem Restaurant aus dem Kopf schlagen?

Wir geben uns ganz in Gottes Hände. Und dann fallen wir so schnell und so leicht wieder in die alten Gewohnheiten zurück. Wir haben die besten Absichten, und doch sind unsere Erfolge so kümmerlich. Warum?

Jesus erzählte eine Geschichte, die das wichtigste Einzelprinzip beim Zerbrechen einer sündhaften Gewohnheit veranschaulicht. Ein Mann war von einem Dämon besessen. Der Dämon brachte den Mann dazu, schreckliche Dinge zu tun, und kontrollierte jeden Bereich seines Lebens, doch eines Tages wurde der Dämon ausgetrieben, und der Mann freute sich überschwänglich darüber. Der böse Geist zog durch eine wasserlose Öde und suchte Ruhe. Da er sie nicht fand, beschloss er, zu seiner ursprünglichen Behausung zurückzukehren, genau ins Lebenszentrum dieses armen Mannes. Zu seiner vollen Zufriedenheit sah er, dass das ursprüngliche Haus unbewohnt, gekehrt und aufgeräumt war. Dann fand er »sieben andere Geister ..., böser als er selbst, und sie gehen hinein und wohnen dort; und das Letzte jenes Menschen wird schlimmer sein als das Erste« (Lukas 11,24-26).

Warum scheiterte dieser Mann in seiner Bitte um Freiheit? Er vergaß, dass es im menschlichen Herzen kein Vakuum gibt. Keiner von uns kann das Böse überwinden, indem er einfach darauf verzichtet. Das gelingt uns nur, wenn wir das Gute an seine

Stelle setzen. Sündhafte Gewohnheiten können nur zerbrochen werden, wenn wir sie durch gute ersetzen.

Versuchen Sie ein einfaches Experiment. Denken Sie an die Zahl acht. Haben Sie sie vor Augen? Wenn ja, dann setzen Sie Ihre Willenskraft ein und hören Sie jetzt sofort auf, an die Zahl acht zu denken.

Ist es Ihnen gelungen? Natürlich nicht. Ich zumindest denke noch an diese Zahl. Können wir es mit bloßer Willensanstrengung fertigbringen, nicht mehr an die Zahl acht zu denken? Keineswegs. Der Versuch, sie mit aller Gewalt aus unserem Geist zu verdrängen, führt nur dazu, dass wir uns mit unserer ganzen Aufmerksamkeit auf sie konzentrieren.

Welch ein Bild geben wir da ab, wenn wir versuchen, die Sünde zu überwinden! Wir können auf die Knie niederfallen und Gott bitten, unsere Begierden wegzunehmen; wir beschließen dann, nicht mehr diesen gierigen oder lüsternen Gedanken nachzuhängen, aber schon sind sie wieder da. Wir widerstehen ihnen von Neuem, versuchen verzweifelt, sie aus unserem Geist zu verdrängen, aber wir sitzen in der Falle. So sehr wir uns auch anstrengen: Wir bekommen sie nicht von der Stelle.

Können wir wirklich frei werden? Ja, wir können diese Gedanken steuern, aber nicht, indem wir krampfhaft versuchen, sie nicht zu denken! Nur einfach dem Bösen zu widerstehen, heißt, es noch stärker zu machen. Unser Entschluss, lustvolle Gedanken nicht mehr aufkommen zu lassen, verstärkt sie nur in unserem Denkschema.

Wie also erlangen wir die Freiheit? Wir wollen noch einmal zu unserem Experiment zurückkehren und an die Zahl acht denken. Wir können zwar nicht durch bloße Willensanstrengung aufhören, an sie zu denken, aber wir können diese Zahl auf einfache Weise aus unserem Bewusstsein verscheuchen, und zwar so: Denken Sie an eine oder zwei Begebenheiten aus dem Leben Ihrer Mutter. Denken Sie an Ihre Position innerhalb Ihrer Familie, egal ob Sie noch eine enge Verbindung zu Ihren Eltern haben oder nicht. Konzentrieren Sie sich auf diese Dinge, und Sie werden augenblicklich aufhören, an die Zahl acht zu denken.

Auf dieselbe Weise können Sie auch sündhaften Gedanken zu Leibe rücken. Angst, Triebhaftigkeit, Habgier – sie können aus Ihrem Geist verdrängt werden, wenn Sie Ihre Gedanken der Heiligen Schrift zuwenden. Die Freiheit zieht ein, wenn Sie Ihren Geist mit den Gedanken Gottes erfüllen (Römer 12,1-2; Philipper 4,8).

Ich kenne einen jungen Mann, dessen Frau an Krebs starb. In den letzten Wochen ihres Lebens litt sie sehr. Doch sie und ihr Mann waren fähig, diese Tragödie ohne Bitterkeit oder auch nur den geringsten Anflug von Selbstmitleid anzunehmen. Ich stellte John die Frage: »Warum waren Sie und Ihre Frau in der Lage, dies alles so gefasst anzunehmen? Waren Sie nie verbittert oder zornig auf Gott in dieser schweren Prüfung?« Seine Antwort lautete: »Doch, wir hatten solche Augenblicke. Doch dann las ich meiner Frau aus der Bibel vor. Wir kauften das ganze Neue Testament auf CD und spielten es zu Hause ab, Stunde um Stunde.« Das also war das Geheimnis – die Vertreibung zorniger und angstvoller Gedanken, indem man den Geist mit dem Wort Gottes füllt.

Wie bekommt man am besten die Luft aus einer Flasche? Vielleicht könnte nun jemand vorschlagen, eine komplizierte Vakuumpumpe herzustellen, um die Luft herauszupumpen. Aber es gibt eine viel einfachere Lösung: Füllt man die Flasche mit Wasser, dann wird die Luft verdrängt.

Die Macht der Sünde wird entschärft, wenn Sie Ihre Gedankenmuster durch das Wort Gottes ersetzen. Jede Versuchung, jedes Laster, jedes üble Motiv schleicht sich durch Ihre Gedanken bei Ihnen ein. Daher müssen die Gedanken unter die Kontrolle des Heiligen Geistes gebracht werden. Paulus schreibt: »Und seid nicht gleichförmig dieser Welt, sondern werdet verwandelt durch die Erneuerung eures Sinnes, dass ihr prüfen mögt, was der gute und wohlgefällige und vollkommene Wille

Gottes ist« (Römer 12,2). Der Unterschied zwischen Weltlichkeit und Gottgefälligkeit liegt in einem erneuerten Geist. Ein altes Sprichwort drückt dies so aus: »Du bist nicht, was du denkst; aber was du *denkst*, das bist du!«

Nehmen wir einmal an, Sie könnten alle Gedanken, die Sie in der vergangenen Woche hatten, auf einen riesigen Bildschirm werfen. Keiner von uns würde wollen, dass jemand anders alle Einzelheiten sieht und erfährt! Doch so entmutigend dies auch sein würde: Das, was Sie zu sehen bekämen, *ist wirklich* Ihre geistige Beschaffenheit! Ihre Gedanken formen nicht nur Ihr Leben, sie *sind* Ihr Leben.

Ich las einmal von einem aus dem Gefängnis entlassenen Mann, der Schwierigkeiten hatte, mit seiner Freiheit fertig zu werden. Er stellte sein Problem mit folgendem Experiment dar: In eine Glasflasche von einer ganz bestimmten Form stopfte er Drähte von unterschiedlicher Größe. Dann zerschlug er die Flasche mit einem Hammer. Das Ergebnis? Die meisten Drähte behielten die Form der Flasche bei. Sie mussten Stück für Stück wieder geglättet werden.

Der Mann hatte den springenden Punkt erfasst: Man kann formell gesehen frei sein und trotzdem die Merkmale der Gebundenheit behalten. Selbst wenn ein Mensch in die Freiheit entlassen wird, muss er sich auf die Freiheit einstellen und sorgfältig die Gewohnheiten der Vergangenheit abbauen.

Als gläubiger Mensch sind Sie frei in Christus, doch Sie können immer noch versklavt sein durch die Fantasien Ihres Fleisches und die Laster der Welt. Sie können sich völlig Gott ausliefern und ständig beten, doch Ihr Geist kehrt in vertrautes Gelände zurück, sobald Ihr Erlebnis sich abnutzt. Um diesen Kreislauf ständiger Niederlagen zu durchbrechen, müssen Sie sich eine spezielle Strategie zurechtlegen – wenn Sie die Freiheit erleben wollen, die Sie in Christus haben, und den Sieg annehmen, der Ihnen rechtmäßig gehört.

Vorbereitung auf die Schlacht

Ist das wirklich möglich? Jawohl! Doch nicht, ohne die bösen Kräfte des Geistes frontal anzugreifen. Lesen Sie aufmerksam die Worte von Paulus: »Denn obwohl wir im Fleisch wandeln, kämpfen wir nicht nach dem Fleisch; denn die Waffen unseres Kampfes sind nicht fleischlich, sondern göttlich mächtig zur Zerstörung von Festungen, indem wir Vernunftschlüsse zerstören und jede Höhe, die sich erhebt gegen die Erkenntnis Gottes, und jeden Gedanken gefangen nehmen unter den Gehorsam des Christus« (2. Korinther 10,3-5).

Sie besitzen die geistlichen Geschütze, die Sie brauchen, um die Festungen des Geistes niederzureißen. Sinnlose Grübeleien, mächtige Fantasien und verkehrte Gewohnheiten können gründlich zerstört werden. Sie haben die geistliche Ausrüstung, um jeden Gedanken aufzuspüren und bewusst Christus zu unterstellen.

Militärische Bewegungen erfolgen nach einer genau festgelegten Strategie. Die Waffen müssen genau verstanden werden, ehe man sie einsetzt. In dieser Schlacht mit Satan und dem Bösen müssen Sie die Strategie kennen und mit Ihren Waffen wohlvertraut sein. Doch wie können Sie das im Einzelnen tun?

Erstens müssen Sie die fremden Gedanken identifizieren, die Sie ersetzen wollen. Sie müssen die Fantasien, Vorstellungen und Einstellungen benennen, die Sie los sein wollen. Es reicht nicht aus zu sagen: »Ich möchte ein besserer Christ werden«, oder: »Ich möchte fröhlicher sein.« Allgemeinplätze taugen nicht – Sie müssen konkret werden!

Ich nehme an, dass Sie die Sünden in Ihrem Leben kennen, die nicht von der Stelle weichen wollen. Wenn Sie sich mit allen Fragen, die Ihnen bisher in diesem Buch begegnet sind, auseinandergesetzt haben, dann sollten Sie eigentlich schon ziemlich gut einschätzen können, welches Ihre schwersten Kämpfe sind. Nehmen Sie ein Blatt Papier zur Hand und notieren Sie die Gedankenmuster, die weichen müssen. Bitte überspringen Sie diesen Punkt nicht! Nur wenige Menschen halten tatsächlich ihre Ziele schriftlich fest, und noch weniger erreichen jene Ziele, die sie nicht schriftlich festgehalten haben. Daher ist es sehr wichtig, dass Sie die Dinge schriftlich festhalten, die Sie in Ihrem Leben ändern wollen.

Zweitens müssen Sie sich auf einen geistlichen Kampf einlassen. Die Welt, das Fleisch und Satan ergeben sich nicht kampflos. Wenn Sie von Gott gesegnet werden wollen, müssen Sie lernen, »über sein Gesetz [zu sinnen] Tag und Nacht!« (Psalm 1,2).

Manchmal wird uns gesagt: »Wir stehen in einem geistlichen Krieg. Als Soldaten des Kreuzes müssen wir diszipliniert sein. Wir müssen die Bedeutung von Anstrengung und Opfer im Christenleben bekannt machen.« Vielleicht äußert sich eine Woche später ein anderer Christ genau umgekehrt: »Ich habe viel zu hart daran gearbeitet, ein guter Christ zu sein. Gott hat mir gezeigt, dass ich mich einfach entspannen und im Herrn *ruhen* soll.«

Diese Standpunkte mögen widersprüchlich erscheinen, in Wirklichkeit sind sie es jedoch nicht. *Nur ein Christ, der in der Zucht des Wortes Gottes steht, kann im Herrn ruhen.* Wir können durchaus unser heftiges Bemühen beenden und lernen, uns in dem Vertrauen zu entspannen, dass Gott mit jeder Situation fertig wird. Doch ein träger, undisziplinierter Christ kann das nicht; wenn ein Schicksalsschlag ihn trifft, zerbricht er vollständig. Der Gläubige, der wie ein am Ufer eines Baches gepflanzter Baum ist (Psalm 1,3), der denkt in jedem freien Augenblick über das Gesetz Gottes nach (V. 2); seine Gedanken wenden sich zum Wort Gottes wie Stahl zum Magneten.

Die Kriegserklärung an Ihre Gedankenwelt bedeutet, dass Sie sich jeden Morgen Zeit nehmen müssen, um Ihren Angriff zu beginnen. Ich schlage als Minimum 20 Minuten vor. Nachsinnen über die Schrift bedeutet Anstrengung; nichts wirklich Lohnendes kann ohne Anstrengung erlangt werden.

Sicher haben Sie schon einmal den Spruch gehört: »Pro Tag ein Kapitel packt den Teufel am Wickel!« Glauben Sie das nur nicht. Sie können ein Kapitel lesen und Ihre Gedanken bei den Sorgen von morgen haben oder im Herzen Rache brüten. Echtes Nachsinnen erfordert gründlich Zeit. Wir müssen die Textstelle in uns aufnehmen und ihr unsere ungeteilte Aufmerksamkeit schenken.

Drittens müssen Sie bereit sein, das Wort Gottes auswendig zu lernen. »In meinem Herzen habe ich dein Wort verwahrt, damit ich nicht gegen dich sündige« (Psalm 119,11). Sie sollten nicht einfach irgendwelche Verse lernen, sondern Ihre Liste mit den belastenden Denkmustern zur Hand nehmen und Verse der Schrift suchen, die auf diese Denkmuster direkt eingehen. Am Ende dieses Kapitels finden Sie einige Beispiele für solche Verse. Lernen Sie diese Verse auswendig, damit Sie sie während des Tages jederzeit verfügbar haben – Sie werden sie nötig brauchen. Die einzige Alternative zum Auswendiglernen wäre, die Textstellen auf kleine Karten zu tippen, damit sie zum sofortigen Nachsehen greifbar sind. Diese Bibelstellen sind es, die Gott zur Vernichtung der Festungen Ihres Geistes gebraucht und mit denen er etwas Neues aufbaut.

Setzen Sie Ihre Geschütze ein

Bis jetzt haben Sie Ihre Sünden identifiziert, Sie haben sich entschlossen, jeden Morgen 20 Minuten für Gott zu reservieren, und Sie haben auch einige Schriftstellen vorliegen, mit denen Sie arbeiten können. Wie geht es nun weiter? Was sollen Sie morgen früh wirklich tun? Ihre Strategie setzt mit dem Augenblick des Erwachens am Morgen ein. Diese Augenblicke zwischen Wachwerden und Herausklettern aus dem Bett sind kritisch, denn hier wird die Saat von Niedergeschlagenheit, Zorn und Lust gesät. Solange Sie im Bett liegen, sollten Sie Gott für die Ruhe danken, die er Ihnen beschert hat. Ich selbst bete dann so: »Heute stehe ich auf im Namen des Vaters, des Sohnes und des Heiligen Geistes.« Legen Sie ganz bewusst Ihren Geist, Ihre Möglichkeiten und Ihre Zeit in Gottes Hände. Rufen Sie sich Verheißungen Gottes ins Bewusstsein, wie zum Beispiel:

> »Denn bei Gott wird kein Ding unmöglich sein« (Lukas 1,37).

> »Wir wissen aber, dass denen, die Gott lieben, alle Dinge zum Guten mitwirken, denen, die nach Vorsatz berufen sind« (Römer 8,28).

> »Alles vermag ich in dem, der mich kräftigt« (Philipper 4,13).

Sich diese Verheißungen Gottes zu vergegenwärtigen, vermittelt Ihnen die richtige Einstellung zum Leben.

Wenn Sie dann das Bett verlassen haben und einigermaßen munter geworden sind – ich brauche dazu ein Frühstück mit Kaffee, viel Kaffee, um meinen Geist in Schwung zu bringen –, lesen Sie ein Kapitel der Bibel und horchen Sie auf das, was Gott Ihnen zu sagen hat.

Verbringen Sie einige Zeit damit, Ihren Geist auf die spezielle Versuchung vorzubereiten, die an diesem Tag auf Sie zukommen wird. Angenommen, Ihr Chef ärgert Sie ständig. Eine Stunde nach Arbeitsbeginn möchten Sie am liebsten laut schreien. Wenn Sie warten, bis Ihr Chef Sie anschreit, ehe Sie entschieden haben, wie Sie dann reagieren wollen, dann wird Ihre Reaktion vermutlich voller Zorn sein. Gebrauchen Sie im Voraus das Wort Gottes. In der Zeit, die Sie in der Frühe mit Gott verbringen, sollten Sie sich die Verse aufsagen, die Sie auswendig gelernt haben, und den Sieg Christi für sich persönlich in Anspruch nehmen, ehe Ihr Chef aus der Haut fährt.

Dasselbe Prinzip gilt auch, wenn Sie ein Problem mit Fress- oder Magersucht, Pornografie, Rauchen oder Alkoholmissbrauch haben. Beanspruchen Sie Gottes Verheißungen für diesen besonderen Tag. Sagen Sie ihm, dass Sie sich mit seiner Hilfe an diesem Tag für ihn und nicht für die Welt entscheiden wollen.

Bedenken Sie jedoch: Wenn Sie mit der Entscheidung, wie Sie reagieren wollen, warten, bis die Versuchung da ist, dann haben Sie zu lange gewartet! Entscheiden Sie sich im Voraus, Gottes Verheißungen in Anspruch zu nehmen, ganz gleich, welchen Umständen Sie an diesem Tag vielleicht gegenüberstehen werden.

Lernen Sie dann, während des Tages, dem ersten Reden des Heiligen Geistes zu gehorchen. Wenn Sie versucht sind, sich an einer sexuellen Fantasie zu ergötzen, dann setzen Sie sich umgehend mit diesen Gedanken auseinander. Jeder von uns weiß, wann wir unseren Geist über diese unsichtbare Grenze in verbotenes Territorium hüpfen lassen. In diesem Augenblick spüren wir, dass wir gegen die Reinheit handeln, die dem Heiligen Geist entspricht. In diesem Augenblick müssen Sie sich sagen: »Ich lehne diese Gedanken im Namen Jesu ab.« Dann zitieren Sie die Bibelverse, die Sie bezüglich der betreffenden Versuchung gelernt haben. Mit der Zeit wird sich Ihr Feingefühl für die Regungen des Heiligen Geistes entwickeln.

Das Wichtigste ist, dass Sie lernen, die Gedankenrichtung umzupolen. Erinnern Sie sich an das Experiment zu Beginn dieses Kapitels? Wir brachten es nicht fertig, nicht mehr an die Zahl acht zu denken, wie sehr wir uns auch bemühten. Erst die gedankliche Beschäftigung mit einem anderen Thema konnte dieses Ergebnis herbeiführen.

Sie können bei jeder Versuchung so handeln. Gebrauchen Sie einfach Ihre Versuchung als Alarmsystem – als ein Zeichen dafür, Gott zu loben. Wenn Sie zum Beispiel Angst vor Krebs haben (wenn man die Erkrankungsrate in westlichen Industrieländern bedenkt, scheint diese Angst ja eine gewisse Berechtigung zu haben), dann nutzen Sie diese Angst als Gelegenheit, Gott die Ehre zu geben. Sagen Sie die Verse aus Römer 8,35-39 auf oder lesen Sie die Psalmen 103, 144 oder 145. Danken Sie dann Gott für all die Segnungen, die Sie in Christus haben. Danken Sie ihm für Vergebung, für seine Souveränität, Macht und Liebe. So wird sich Ihr Stein des Anstoßes in eine Stufe nach oben verwandeln, und Sie werden loben anstatt zu murren.

Während ich an diesem Kapitel schrieb, rief mich eine Frau an und bat mich, für sie zu beten, dass sie ihren Kampf gegen das Rauchen siegreich bestehen werde. Sie hatte versucht, frei zu werden, jedoch ohne Erfolg. Ich gab ihr verschiedene Ratschläge, darunter auch den, das Verlangen nach einer Zigarette als Erinnerung daran aufzufassen, dass es Zeit sei, drei Kapitel zum Lobpreis Gottes zu lesen. Statt sich auf ihr Verlangen zu konzentrieren, könnte sie nun ihre Aufmerksamkeit auf Gott und seine Macht lenken. Mit der Zeit würde sie lernen, dass sie in dieser Versuchung keineswegs nachzugeben braucht. Der Kampf selbst wird zur Methode Gottes, ihr Leben in disziplinierte Bahnen zu lenken. Je mehr ich nachfragte, desto mehr stellte ich leider fest, dass es ein ganzes Bündel von anderen Bereichen in ihrem Leben gab, die anzugehen und zu lösen waren. Wie ich bereits in einem früheren Kapitel erwähnt habe, ist es schwierig, eine zerstörerische Angewohnheit zu besiegen, während man gleichzeitig plant, andere solcher Angewohnheiten zu tolerieren. Gott möchte unsere Beweggründe und Werte bis ins Innerste verändern.

Wenn Sie sich mit dem Problem der Fresssucht oder aber der Magersucht herumschlagen, dann entscheiden Sie sich dafür, dass Ihr Verlangen Sie ermuntern will, Ihre Aufmerksamkeit auf Gottes Wort zu richten. Sagen Sie einen Vers der Heiligen Schrift auf, beten Sie für Ihre Freunde in der Mission oder singen Sie ein Lied. Wenn Sie sich eine bestimmte Strategie für den Widerstand gegen die Versuchung ausarbeiten und sich daran halten, dann befreien Sie sich nach und nach aus ihrem Griff.

Und: Lassen Sie sich nicht entmutigen, wenn Sie häufig in derselben Sache versucht werden. Wenn Sie über lange Zeit mit einem verkehrten Denkschema gelebt haben, dann lassen sich die Festungen Ihrer Vorstellungswelt nicht von heute auf morgen niederreißen. Außerdem müssen Sie sich bewusst machen, dass Sie möglicherweise nicht nur sich selbst gegenüberstehen, sondern es auch mit satanischen Kräften zu tun haben. Die meistgebrauchte Waffe Satans ist die Entmutigung. Nachdem Sie heimtückische Gedanken zurückgewiesen haben, erfreut er sich daran, sie wieder neu in unsere Gedanken zu streuen. Da seine Aktivität in unserer Gesellschaft so offen zutage tritt, werden in einem späteren Kapitel spezielle Anweisungen gegeben, wie man sich diesen Kräften entgegenstellen kann. Im Voraus möchte ich sagen, dass der wichtigste Schutz gegen satanische Angriffe in der persönlichen Rechtschaffenheit besteht, d. h. im Bekennen und Aufgeben der Sünde. Und wenn Sie die oben genannten Grundsätze unbeirrt befolgen, dann werden Satan und seine Kräfte geschwächt werden; mit der Zeit werden sie die Flucht ergreifen.

Wie lange dauert es, bis Ihr Geist sich erneuert hat? Das ist ganz unterschiedlich. Manche Christen, die sich nach diesen Grundsätzen richten, bemerken innerhalb einer Woche einen beachtlichen Fortschritt. Andere, die sich Jahrzehnte ihres Lebens nicht an Gottes Willen ausgerichtet haben, brauchen vielleicht bis zu dreißig Tagen, bis sie sagen können: »Ich bin frei!« Und selbstverständlich erreicht niemand die Vollkommenheit. Je mehr wir über das Wort Gottes nachsinnen, desto klarer erkennen wir immer neue Bereiche unseres Lebens, die verändert werden müssen. Verborgene Beweggründe treten oft erst dann an die Oberfläche, wenn sie über lange Zeit dem Licht des Wortes Gottes ausgesetzt waren.

Ich habe einmal einen Mann beraten, der mit homosexuellen Versuchungen zu kämpfen hatte, aber durch die oben angeführten Ratschläge von seiner bisherigen Lebensform befreit wurde. Er bekannte, dass er noch oft in seine alten Denkmuster zurückfiel. »Aber nun«, so berichtet er, »wird mir übel, wenn ich die

Gedanken denke, die ich früher hatte.« Er ist ein Beweis für das, was Gott im Leben jedes Menschen zustande bringen kann, der ausdauernd über das Wort Gottes nachsinnt und es gezielt auf seine geistlichen Kämpfe anwendet. Ich bin davon überzeugt, dass Gott uns von geistlicher Knechtschaft befreien will. Sein Wort ist das Hilfsmittel, durch das unsere Gedanken Gott gehorsam werden können. Selbst Christus, der ewige Sohn Gottes, hat »an dem, was er litt, den Gehorsam« gelernt (Hebräer 5,8). »Wenn nun der Sohn euch frei macht, werdet ihr wirklich frei sein« (Johannes 8,36).

Fragen zur Vertiefung

Die nachfolgend genannten Bibelstellen könnten eine Hilfe sein, wenn Sie damit beginnen, Ihre Gedanken unter die Kontrolle des Heiligen Geistes zu stellen. Weitere Stellen finden Sie beim aufmerksamen Lesen der Bibel und wenn Sie in einem Bibelstellenverzeichnis (einer Konkordanz) nachschlagen.

Habsucht
Psalm 119,36; Lukas 12,15; Kolosser 3,1-2.5-6; Philipper 4,11-12; 1. Timotheus 6,6; Hebräer 13,5

Stolz
Sprüche 16,18; Galater 6,3.14; Jakobus 4,6; 1. Petrus 5,5-6

Mangel an Zucht
Römer 12,11; 1. Korinther 9,26-27; Philipper 4,12-13; Hebräer 6,12

Wollust
Römer 6,11-12; 2. Korinther 10,4-5; Epheser 4,22-24; Philipper 4,8; 1. Petrus 2,11

Zorn
Psalm 37,8; Sprüche 14,29; 16,32; Epheser 4,26.31; Kolosser 3,8; Jakobus 1,19-20

Sorge
Matthäus 6,25-34; Philipper 4,6; 1. Petrus 5,7

Bitterkeit
Epheser 4,31-32; Hebräer 12,15

Fresssucht
Richter 3,14-22; Sprüche 23,20-21; 1. Korinther 9,27; 10,31-33; Philipper 4,12

1. Wie viel Zeit verbringen Sie tatsächlich jeden Tag mit dem Lesen von Gottes Wort? Seien Sie ehrlich! Ihren Mangel in diesem Bereich Ihres Lebens zuzugeben, ist der erste Schritt hin zu einem positiven Wachstum. Verbringen Sie jetzt einige Zeit im Gebet und bitten Sie Gott, Ihr Verlangen zu vergrößern, täglich über sein Wort nachzudenken.

2. Am Anfang dieses Kapitels ging es darum, einen Gedankengang durch einen anderen zu ersetzen. Nennen Sie einige Dinge, die Ihnen einfallen, die Ihnen helfen können, Versuchungen zu widerstehen. Welche Bibelstellen sollten Sie sich aufsagen, sodass sie Ihnen in Zeiten der Versuchung deutlich vor Augen stehen? Gibt es jemanden, den Sie zu jeder Stunde – auch nachts – anrufen könnten, wenn Sie in der Gefahr stehen, in Versuchung zu geraten?

3. Geistlicher Kampf ist etwas sehr Reales. Nehmen Sie sich gerade jetzt etwas Zeit, um genau diejenigen Bereiche zu identifizieren, in denen Sie zu kämpfen haben. Beten Sie, dass Gott Ihnen hilft, gegen diese Versuchungen zu widerstehen, und Christi Blut Ihnen hilft, gegenüber den Angriffen des Bösen standhaft zu bleiben.

Mit Gefühlen leben

Unsere Generation legt größten Wert darauf, dass man sich »wohlfühlt«. Wenn Sie sich die Werbespots im Fernsehen anschauen, dann wissen Sie, wie dieses Ziel zu erreichen ist. Zuallererst müssen Sie unbedingt von den richtigen Dingen umgeben sein – vom letzten Schrei in der Mode, von einem neuen Wagen, einem Heim in der richtigen Nachbarschaft. Zweitens müssen Sie gut aussehen – wenn nötig mithilfe von Schönheitsoperationen, sodass sich überall, wo Sie sich gerade befinden, die Menschen nach Ihnen umdrehen. Und schließlich sollten Sie sich keine Sorgen darüber machen, wie sich Ihre Handlungen auf andere Menschen auswirken. Frei nach dem Motto:»Wenn es sich gut anfühlt, dann tu es!«

Es ist bezeichnend, dass die erste Sünde, die je begangen wurde, darin bestand, dass ein Mensch lieber seinen Gefühlen folgte statt Gott zu gehorchen. Die Frucht des Baumes sollte Evas Appetit auf eine solche Weise stillen, wie es keine Frucht eines anderen Baumes vermochte. Sie würde Weisheit bekommen und eine Königin werden. Sie wusste so gut wie nichts über die Folgen, die eine solche Entscheidung nach sich ziehen würde. Seit jener Zeit leben wir Menschen nach dem Diktat unserer Gefühle und geben dem Verlangen unserer Triebe nach, selbst wenn diese nicht im Einklang mit Gottes Geboten stehen. Selbstverständlich sind Gefühle an sich nichts Böses. Gott schuf uns mit der Fähigkeit, Schmerz und Freude zu empfinden. Jesus selbst hat »Mitleid ... mit unseren Schwachheiten« (Hebräer 4,15). Eine stoische Unterdrückung oder gar Ablehnung unserer Gefühle hieße, Gefühllosigkeit und Gleichgültigkeit gutzuheißen. Paulus verdammte die Bösen, die nicht mehr zum Mitleid fähig waren, sondern abgestumpft kein Gefühl mehr empfanden (Epheser 4,19). Doch unsere Gefühle sind kein zuverlässiger Führer für unser Verhalten. Viele Gefühle müssen im Zaum gehalten werden, sowohl zu unserem eigenen Besten als auch zum Wohl der anderen.

Wir müssen eine gewisse Kontrolle über den Strom unserer Gefühle ausüben, der unser Wesen wie Ebbe und Flut durchströmt. Wenn wir unseren Gefühlen folgen, dann müssen wir praktisch jedes willkürliche Verlangen erfüllen. Wir alle haben natürlich Gefühle, die einfach zum Menschsein dazugehören, doch wenn diese Gefühle außer Kontrolle geraten, können sie entweder in Wut und Zorn ausarten oder eine Depression zur Folge haben. Dann mag eine professionelle Seelsorge vonnöten sein.

In diesem Kapitel werden wir über Selbstbeherrschung reden und über die Notwendigkeit, unsere Gefühle und unser Verlangen unter Gottes Herrschaft zu stellen. Als Jesus zu seinem Versucher sprach, sagte er: »Nicht von Brot allein soll der Mensch leben, sondern von jedem Wort, das durch den Mund Gottes ausgeht« (Matthäus 4,4). Er verwies auf das Prinzip des Gleichgewichts. Es geht um ein Leben unter der Autorität des offenbarten Wortes Gottes.

Fallgruben des Gefühlslebens

Ehe ich Ihnen Ratschläge gebe, wie Sie mit Ihren Emotionen zurande kommen können, möchte ich Ihnen vor Augen führen, was geschieht, wenn Ihr Leben von Ihren eigenen Launen und Marotten diktiert wird. Ein auf der Grundlage von Gefühlen geführtes Leben ist eine Einladung an die Sünde des Ungehorsams. Oft laufen unsere Gefühle den Wünschen Gottes zuwider. Die meisten sündhaften Gewohnheiten entstehen in der Tat dadurch, dass man einfach dem Weg des geringsten Widerstands folgt und das tut, wonach einem gerade der Sinn steht. Viele unserer Kämpfe können darauf zurückgeführt werden, dass wir uns immer wieder von unseren Sinnesorganen lenken lassen. Dies führt zu Niederlagen, einem Um-sich-selbst-Drehen und Unglauben.

Viele Menschen, die sich einbilden, sie könnten Gottes Geboten nicht gehorchen, sind einfach nicht gewillt zu gehorchen. Gelegentlich haben sie einmal Tage, wo sie mit dem Wunsch aufwachen, zu tun, was Gott will – aber das kommt nicht oft vor. Von Natur aus sind wir selten zum Gehorsam aufgelegt; für gewöhnlich wollen wir eigene Wege gehen. Diese Haltung rührt von den Einflüsterungen Satans her, der uns – wie einst Eva – weismachen will, Gott lege uns Gebote auf, die wir nicht halten können oder brauchen. Wenn wir der Ansicht sind, es müsse uns erst danach *zumute* sein, ehe wir Gottes Geboten gehorchen, dann wird unser geistliches Leben nie auf einen grünen Zweig kommen.

Im Einzelnen kann das so aussehen: In seinem Buch über die Überwindung von Schwierigkeiten in der Ehe schreibt Jay Adams über einen konkreten Seelsorgefall: Aus einer Ehe ist alle Liebe geschwunden. Die Ehepartner sind sich bereits einig geworden, sich scheiden zu lassen. Keiner hat sich ernstlich gegen die Ehe versündigt. Sie *empfinden* nur einfach keine Liebe mehr zueinander. Sie suchen den Eheberater auf in der Hoffnung, er werde ihre Entscheidung bestätigen, dass wenn kein Gefühl mehr vorhanden ist, der einzige Ausweg in der Scheidung bestehe. Das Paar ist bestürzt, als der Eheberater zu ihnen sagt: »Wenn Sie sich nicht mehr lieben, dann gibt es nur einen Weg: Sie müssen es wieder *lernen*, einander zu lieben.« Das Paar starrt den Berater ungläubig an: »Wie können wir lernen, jemanden zu lieben? Man kann doch keine Gefühle aus dem luftleeren Raum produzieren!«

Der Eheberater erläutert, dass Gott uns in der Bibel gebietet, einander zu lieben. Als dem Mann gesagt wird, er solle seine Frau lieben, wie Christus die Gemeinde geliebt hat, schnappt er nach Luft. Niemals könne er das. Doch der Eheberater ist hartnäckig. Er erklärt, dass der Mann auf einer niedrigeren Stufe beginnen sollte. Die Bibel gebietet uns auch, unseren Nächsten zu lieben, und da seine Frau für ihn derjenige Nächste ist, der ihm am nächsten steht, soll er auch sie lieben. Doch wieder wendet der Mann ein, er könne seine Frau nicht auf diese Weise lieben. Dann legt ihm der Eheberater dar, dass er auch damit noch nicht am Ende sei, denn Gott habe uns sogar geboten, unsere Feinde zu lieben!

Dieses Paar unterlag einem weitverbreiteten Irrtum: Es verwechselte Liebe mit Gefühlen. In der Bibel ist Liebe kein Gefühl. Liebe kann man lernen, auch wenn man mit wenig oder gar keinem emotionalen Anreiz beginnt. Mit anderen Worten: Man kann sich dazu entschließen zu lieben. Gott gibt uns die Gnade dazu.

Liebe ist kein Gefühl, auch die Vergebung nicht. Die Bibel gebietet uns, die Bitterkeit abzulegen (Epheser 4,31); wir sollen anderen vergeben, gleichgültig, ob sie unsere Vergebung erbitten oder nicht (V. 32). Doch viele Christen meinen, sie könnten nicht eher vergeben, als bis sie ein entsprechendes Gefühl haben! Sie glauben, wenn sie vergeben, ohne dies zu fühlen, seien sie scheinheilig.

Wenn Vergebung jedoch ein Gefühl wäre, würde Gott von Ihnen Unmögliches verlangen. Wir können unsere Gefühle nicht einfach an- und abschalten. Wir können nicht von uns aus die richtigen Gefühle entwickeln. Doch Gott macht sich nicht über uns lustig, wenn er uns sagt, wir sollten vergeben; wir können uns dazu entscheiden, ganz gleich, wie unsere Gefühle sind. Versuchen Sie nie, Gottes Gebote zu umgehen mit dem Vorwand, dass Ihnen gerade nicht danach zumute ist, ihm gehorsam zu sein!

Eine zweite Gefahr, wenn Sie nach den Gefühlen leben, liegt darin, dass Sie eventuell Ihre Überzeugungen von Gefühlen ableiten. Wenn Sie glauben, Gott sei mit Ihnen, nur einfach, weil Sie »das Gefühl haben, er sei nahe«, dann glauben Sie auch, dass es Tage gibt, wo er Sie im Stich lässt, weil Sie das Gefühl haben, er sei ferne. Die Gewissheit von Gottes Gegenwart kommt nicht durch Gefühle, sondern durch den Glauben (Hebräer 13,5). Glücklicherweise brauchen Sie nicht immer Gottes Gegenwart zu fühlen, um in Gemeinschaft mit ihm zu sein und geistliche Fortschritte zu machen.

Der Apostel Paulus, der nach allen Normen ein erfolgreiches, siegreiches Christenleben führte, hatte auch seine schlechten Tage. »Denn wir wollen nicht, dass euch unbekannt sei, Brüder, was unsere Bedrängnis betrifft, die uns in Asien widerfahren ist, dass wir übermäßig beschwert wurden, über Vermögen, sodass wir sogar am Leben verzweifelten« (2. Korinther 1,8). Haben Sie sich je ruhelos gefühlt – unfähig, Ihre sich ständig verändernden Gefühle zu beherrschen? Paulus schrieb, dass er keine Ruhe in seinem Geist hatte, bis Titus zu ihm kam und ihm einige gute Nachrichten aus der Gemeinde überbrachte (2. Korinther 2,13).

Noch überraschender ist das, was die Bibel über Jesus Christus sagt. Als die Stunde der Kreuzigung nahte, war er versucht, den ganzen Erlösungsplan aufzugeben. Er war tief betrübt im Geist. »Jetzt ist meine Seele bestürzt, und was soll ich sagen? Vater, rette mich aus dieser Stunde! Doch darum bin ich in diese Stunde gekommen. Vater, verherrliche deinen Namen!« (Johannes 12,27-28a).

Und deutlich spricht das Neue Testament von Jesu hartem Todeskampf in Gethsemane, als seine Seele betrübt war »bis zum Tod« (Matthäus 26,38). Er schreckte vor der Folter zurück, die vor ihm lag, und bat, dass dieser Kelch des Leidens an ihm vorübergehe, wenn es möglich wäre (V. 39). Und dieses Aufbrechen von Gefühlen geschah bei dem Gott-Menschen, dem Einzigen, der ein vollkommenes, sündenfreies Leben führte.

Man kann davon ausgehen, dass hinter vielen Depressionen Bitterkeit, Selbstmitleid oder unvergebene Schuld stecken. Eine Frau zum Beispiel, die schon ein halbes Dutzend Berater aufgesucht hatte, wurde mit den tief greifenden

Phasen von Depression nicht fertig, von denen sie heimgesucht wurde. Trotz stundenlanger Beratungen hielt sie eine wichtige Information zurück, nämlich dass sie als Teenager ein Kind zur Welt gebracht und anschließend getötet hatte, um nicht wegen ihrer unerlaubten sexuellen Beziehung gebrandmarkt zu werden. Doch als sie schließlich ihre Sünde zugab und sie bekannte und Gottes Vergebung annahm, wich die Depression. Selbstmitleid, Feindseligkeit und verdrehte Wertvorstellungen können dieselbe Wirkung haben. Daher entdecken oft Menschen, die meinen, sie hätten emotionale Probleme, dass ihre Probleme gar nicht auf der Gefühlsebene liegen; ihre Gefühle funktionieren in der Tat sogar nur zu gut. Ihre emotionalen Kämpfe sind häufig ein Zeichen unvergebener Schuld, der sie sich nicht stellen wollten.

Es gibt jedoch auch Zeiten, in denen Sie vielleicht Störungen in Ihrem Gefühlsleben haben, die nicht auf eine bestimmte Sünde zurückzuführen sind. Die Ursache kann körperlich bedingt sein, vielleicht versucht auch der Satan Ihre Gemeinschaft mit Gott zu zerstören. Auf jeden Fall sollten Sie sich Folgendes vor Augen halten: Bei Ihrem Wandel mit Gott müssen Sie nicht unablässig in einem Strom angenehmer Gefühle leben.

Gefühle können sich schnell ändern; sie sind fast so unbeständig wie das Wetter. Heute fühlen Sie sich großartig, in der Nacht können Sie nicht schlafen, und morgen erscheint Ihnen das Leben ohne Sinn. Diese Augenblicke bieten Ihnen den entscheidenden Test, ob Sie gelernt haben, im Glauben zu wandeln, oder ob Sie noch von der »Sichthilfe« Ihrer Gefühle abhängig sind. Für mich selbst kann ich sagen, dass ich froh bin, zu Jesus Christus zu gehören – ungeachtet dessen, wie ich mich gerade fühle!

Wenn Sie nach Gefühlen leben, hat dies noch eine dritte Folge: Sie entwickeln die Sünde des Aufschiebens. Da sollten Sie einen Freund im Krankenhaus besuchen, einen Brief schreiben oder einige häusliche Arbeiten erledigen. Sie wissen, was Sie eigentlich tun sollten, aber aus irgendeinem mysteriösen Grund schaffen Sie den Anfang nicht. Sie schieben es vor sich her, trödeln herum, schauen Fernsehen – kurzum: Sie schieben Dinge auf. Warum?

Eine Reihe von Gründen kann dafür infrage kommen. Vielleicht fühlen Sie sich vom Berg Ihrer Aufgaben wie erdrückt, oder Sie kommen sich minderwertig vor und fühlen sich außerstande, die Arbeit genauso gut zu erledigen wie irgendein anderer. So sitzen Sie herum und warten auf den magischen Augenblick, in dem sich plötzlich alles von selbst erledigt. Doch diese magischen Augenblicke treten niemals ein, und die Dinge, für die Sie verantwortlich sind, werden nicht weniger.

Das Resultat: Sie fühlen sich schuldig, weil Sie nicht taten, was Sie hätten tun sollen. Wenn man die Dinge vor sich herschiebt, nimmt die Spannung nicht ab, sondern zu. Die vielleicht schlimmste Konsequenz eines Lebens nach Gefühlen ist, dass ein solches Leben letztendlich selbstzerstörerisch wird. Es scheint vernünftig, anzunehmen, dass der sicherste Weg zum Glück sei, wenn einer tun kann, was ihm gerade in den Sinn kommt. Doch wenn Sie sich für ein solches Leben entscheiden, dann werden Sie bald feststellen, dass Sie sich mit der Zeit nicht mehr an Ihren Gefühlen freuen können. Das Abschütteln von Verantwortung erhöht nur die Schuld. Je mehr Sie Ihren Gefühlen nachgeben, desto schlechter fühlen Sie sich. Statt Ihre Gefühle zu befriedigen, sorgen Sie in Wirklichkeit dafür, dass Sie ruhelos und unzufrieden werden.

Ein Mann ist vielleicht niedergeschlagen, weil er mit seiner Arbeit zu Hause nicht zurande kommt. Er hofft, dass ihm eines Tages danach zumute ist, den Müll rauszutragen, die Hecke zu schneiden, das Auto zu waschen und den Zaun zu reparieren. Aber der Sinn steht ihm nicht danach. Außerdem: Selbst wenn er heute begönne, dann wäre morgen mehr Arbeit da. Also gibt er seinen Gefühlen nach und legt sich auf die Couch und stellt den Fernseher an. Da er seinen Gefühlen folgt und das tut, was ihm einfällt, sollte er doch eigentlich glücklich und zufrieden sein, oder nicht?

Keineswegs! Schuld senkt sich auf ihn nieder wie der berühmte Londoner Nebel. Jeden Tag gerät er weiter in Rückstand. Der Arbeitsberg türmt sich höher. Seine Kinder und seine Frau beginnen sich zu beklagen. Aber er ist so weit im Rückstand, dass er entmutigt aufgibt, bevor er mit der Arbeit überhaupt begonnen hat. Es wird also nur besser, wenn er anfängt, das zu tun, was getan werden muss – ob er sich nun danach fühlt oder nicht.

In dem Augenblick, in dem Sie Ihrer hartnäckigen Sünde den Krieg erklären, werden Sie in Gefühle – vor allem negative – hineingestoßen. Sie sollten auf das Gefühl der Hilflosigkeit vorbereitet sein, verbunden mit dem Eindruck, dass Sie das Opfer von Umständen und Wünschen sind, die Sie nicht ändern können. Dieses Gefühl ist die Sünde des Unglaubens, nur in einer anderen Gestalt. Unter anderem auf diese Weise versucht Satan uns einzureden, dass Gott uns entweder nicht helfen kann oder nicht helfen will.

Sehr bald wird sich Entmutigung in Ihr Leben einschleichen. Dies tritt erfahrungsgemäß meist einige Tage nach Ihrem Entschluss auf, mit der Sünde endgültig zu brechen und nach Gottes Willen zu leben. Satan verfolgt etwa folgende Strategie und redet Ihnen ein: »Du hast versucht, mit dieser Gewohnheit zu brechen, und bist gescheitert. Es hat keinen Sinn, es nochmals zu versuchen. Du bist nicht gut genug, um noch einmal Gottes Hilfe erwarten zu dürfen.«

Ein weiteres Gefühl, gegen das Sie ankämpfen müssen, ist die Trägheit – die Vorstellung, dass Sie ohne allzu viel Anstrengung ein Leben als Christ führen könnten. Sie werden den Wunsch haben zu zögern und jeden ernsthaften Versuch, Gottes Willen für Ihr Problem zu erkunden, vor sich herschieben. Satan hat niemals Angst vor Ihren guten Absichten. Nur Ihr Gehorsam gegenüber Gott treibt ihn zur Verzweiflung.

Nun schenken Sie Ihren Gefühlen genügend Aufmerksamkeit und stellen Sie sich die Frage: »Wie bekomme ich sie in den Griff?«

Christus gab uns ein Beispiel

Jesus Christus als wahrer Mensch und wahrer Gott erfuhr alle menschlichen Regungen. Er weinte am Grab des Lazarus. Als er der entscheidenden Aufgabe gegenüberstand, die Sünden der Welt zu tragen, war er tief verstört durch eine qualvolle seelische Last. Doch Jesus verbrachte diese letzten Stunden nicht in Selbstmitleid und indem er sein Schicksal beweinte. Er meisterte das Erlebnis in konstruktivem Sinn und ist damit für uns alle zum Vorbild geworden. Was tat er im Einzelnen?

Erstens sprach er offen über seine Gefühle: »Meine Seele ist sehr betrübt, bis zum Tod; bleibt hier und wacht mit mir« (Matthäus 26,38). Er gestattete seinen Jüngern einen Blick auf die unaussprechlichen Gefühlsregungen, die in jener düsteren, bedrückenden Nacht über ihn kamen. Gefühle verschwinden nicht, indem man sie unterdrückt. Mit Gefühlen muss man sich ehrlich auseinandersetzen und darf sie nicht ignorieren. Ohne Zweifel hat Christus sein tiefes seelisches Bewegtsein nicht als sündhafte Regungen oder schuldhaftes Verhalten angesehen. Dennoch müssen wir ihm darin folgen und ehrlich unsere Gefühle aussprechen. Das Eingeständnis von Bitterkeit, Depression, Hass und Leidenschaft ist der erste Schritt im Lernprozess, wie man mit seinen Gefühlen umgeht.

Wir alle sind schon einmal Menschen begegnet, die sich ihre Gefühle nicht eingestehen wollten. Ein Pastor erzählte mir von einem Diakon, der mit geballter Faust und zornrotem Gesicht auf den Tisch schlug und mit glühenden Augen schrie: »Ich bin nicht zornig!«

Eine Frau, die peinlich genau all das Unrecht aufzählte, das ihr Mann ihr angetan hatte, endete ihre Anklage mit der verblüffenden Feststellung: »Natürlich bin ich nicht verbittert; ich habe ihm dies vergeben.« Doch die sorgfältige Registrierung all seines Unrechts ihr gegenüber verriet sie. Wie oft sind wir nicht bereit, zuzugeben, was wir fühlen!

Der Psalmist David machte keinen Hehl aus seiner Verletzlichkeit. Lesen Sie die Psalmen, und sie werden betroffen sein von der breiten Spanne von Gefühlen, die er empfand. Wenn er von Freude erfüllt war, schrie er seinen Lobpreis hinaus; wenn er niedergedrückt war, klagte er über Gottes Schweigen und vermeintliche Gleichgültigkeit gegenüber seiner Not. Niedergeschlagenheit, Freude und sogar Zorn wurden offen bekannt. Wir wissen nicht, wie oft er mit anderen über sein Elend sprach, aber wir wissen, dass er viel Zeit damit verbrachte, Gott seine Probleme vorzutragen. Der erste Schritt ist also, ehrlich zu sein in dem, was Sie fühlen, und mit Gott darüber zu sprechen, was Sie empfinden.

Zweitens erbat Jesus den Beistand seiner Freunde. Er hatte drei Gruppen von Jüngern: die 70, die von Haus zu Haus zogen und das Himmelreich verkündeten; die zwölf, die ständig bei ihm waren; und drei aus diesem Kreis, die er in besonderen Fällen mit sich nahm. Petrus, Jakobus und Johannes, die bereits mit auf dem Berg der Verklärung waren, wurden dann auch von ihrem Meister gebeten, ihm beim Tragen seines tiefen Leids zu helfen. Jesus hielt es nicht für unter seiner Würde, seine Freunde um ihre Fürbitte und Gemeinschaft in der Stunde der Anfechtung zu bitten.

Ich persönlich glaube, dass viele sogenannte seelische Probleme durch gemeinschaftliche Fürbitte gelöst werden könnten. Doch die Gemeinde verhält sich heute ziemlich ähnlich wie die Jünger, die damals Schlafen für einfacher hielten als Beten. Ihr Geist war willig, aber das Fleisch war schwach.

Drittens wusste Jesus, dass sein seelisches Leiden ihn nicht von der Liebe seines Vaters trennen würde. Ihre Beziehung wurde durch das Gewicht seiner Pein nicht in Mitleidenschaft gezogen. Als Gläubige müssen wir erkennen, dass wir von Gott angenommen sind, auch wenn wir uns vielleicht oft nicht »danach fühlen« mögen. Wir leben das Leben eines Christen nicht durch Stimmungen, sondern durch den Glauben. Wir machen einen erheblichen Schritt in die Freiheit, wenn wir begreifen, dass unser Wandel mit Gott nicht davon abhängt, in welcher Stimmung wir morgens aus dem Bett steigen.

Viertens und letztens wusste Jesus, dass dem Gehorsam der Segen Gottes folgte. Frieden und Ruhe ziehen in die Seele ein, nachdem wir Gottes Willen erfüllt haben – und nicht vorher. Die Gewissheit der zukünftigen Freude befähigte ihn, die Marter der Gegenwart zu erdulden. Der Schreiber des Hebräerbriefs stellt uns Jesu Vorbild vor Augen, indem er erzählt, dass wir in unserem Streben nach dem Sieg über »die leicht umstrickende Sünde« (Hebräer 12,1) hinschauen sollten »auf Jesus, den Anfänger und Vollender des Glaubens, der, die Schande nicht achtend, für die vor ihm liegende Freude das Kreuz erduldete und sich gesetzt hat zur Rechten des Thrones Gottes« (V. 2).

Bedenken Sie, dass Gefühle oft unserem Handeln entspringen – und nicht umgekehrt. Machen Sie morgen früh die Probe aufs Exempel. Wenn Sie Ihren Gefühlen nachgeben, dann kommen Sie beim Rasseln des Weckers nicht aus dem Bett. Wenn Sie auf das richtige Gefühl warten, werden Sie in Ihrem Tagesplan von Anfang an im Rückstand sein. Wenn Sie sich aber entschließen, aufzustehen und unter die Dusche zu gehen – ob Sie sich nun danach fühlen oder nicht –, dann werden Sie sehr schnell merken, dass Sie sich recht gut fühlen. Und wenn Sie zu Ende gefrühstückt haben, halten Sie das Leben für ganz passabel. Das richtige Gefühl folgt dann der Handlung – es geht ihr nicht voran.

Wann immer wir Gott gehorchen, beginnen sich unsere Gefühle zu ordnen; wir empfinden Zufriedenheit und eine gewisse Selbstachtung. Glaube und Gehorsam haben die richtigen Gefühle zur Folge – nicht andersherum. Und doch gibt es immer noch Christen, die des magischen Augenblicks harren, in dem ihnen nach Hingabe an Gott, nach Bibellesen und Gebet zumute ist!

Jeder von uns hat Pflichten, die ihm nicht passen. Wie kommen wir auf den Gedanken, dass wir warten sollten, bis uns danach zumute ist? Jesus war auch nicht danach zumute, am Kreuz zu sterben. Er litt größere körperliche Pein, als wir uns je vorstellen können, und er litt qualvolle innere Pein, als er, der einzig Sündenfreie, mit der Sünde der Welt identifiziert wurde. Jeder nur denkbare seelische Konflikt – mit Ausnahme persönlicher Schuld – erschütterte den Körper des Sohnes Gottes. Doch er schreckte nicht zurück und ging voran im Willen Gottes, weil er gehorsam war bis zum Tod, ja, zum Tod am Kreuz (Philipper 2,8). Warum tat er das? Jesus wusste, dass sich nach dem Gehorsam die Freude einstellt. Wie oft haben wir die Reihenfolge auf den Kopf gestellt. Wir meinen, wir müssten in der richtigen Stimmung sein, um Gott zu gehorchen. Doch es gibt keine Freude, solange es keinen Gehorsam gibt.

Ein letztes Wort am Ende dieses Kapitels: Wir müssen lernen, Gott für alles zu danken, ob uns danach zumute ist oder nicht. Der Fokus unserer Aufmerksamkeit muss die ewige Wahrheit Gottes sein. Vor einigen Jahren erlebte ich eine kurze Phase der Depression. Ich lernte innerhalb von wenigen Stunden, dass Depression etwas Reales ist und nicht einfach Einbildung. An dem Abend, als sie mich überfiel, erschien das Leben sinnlos. Ein Satz schwirrte mir ständig durch den Kopf: »Eitelkeit der Eitelkeiten! Alles ist Eitelkeit« (Prediger 1,2). Ich hatte anderen immer gesagt, dass Lobpreis das Heilmittel für Depression sei. Nun war es an der Zeit, dass ich diesen Ratschlag auch bei mir selbst anwandte.

Einige Monate vor diesem Vorfall hatte ich eine Liste aller Segnungen aufgestellt, die Gott uns in Christus geschenkt hat. Ich widerstand allen negativen seelischen Impulsen und begann,

Gott für jede einzelne Segnung zu danken. Mir war zwar gefühlsmäßig nicht nach Dank zumute, ich war jedoch durchaus in der Lage, mit meinem Verstand Gott gegenüber meine Dankbarkeit auszudrücken. Selbst das laute Hersagen von Schriftstellen und das Dankgebet erschienen mir so nichtig. Trotzdem betete ich weiter und verwarf jeden Gedanken ans Aufhören. Nicht lange danach wich die Depression. Natürlich will ich hier nicht sagen, dass alle Depressionen auf diese Weise behandelt werden können. Doch wenn wir unsere seelischen Missstimmungen besiegen möchten, dann ist Lobpreis genau das, womit wir anfangen sollten.

Seit ich erkannt habe, dass mein Glaube nicht an meine Gefühle gebunden ist, habe ich eine neue Freiheit in meinem Leben als Christ entdeckt. Wir ehren Gott, wenn wir ohne emotionale Stütze im Glauben wandeln, und mit der Zeit holen unsere Gefühle die Wahrheit ein, zu der wir mit dem Geist »Ja« gesagt haben. Praktisch heißt dies, dass wir auf der Stelle beginnen können, uns schrittweise zum Positiven zu verändern. Das Gefühl und die Dringlichkeit dazu werden Sie nie stärker verspüren als in diesem Moment. Die Fragen zur Vertiefung am Ende dieses Kapitels werden Ihnen dabei helfen, sofort zu beginnen.

Fragen zur Vertiefung

1. Welche Beweise gibt es dafür, dass unsere Generation auf Bequemlichkeit (Gefühle und Vergnügen) größeren Wert legt als auf ein Leben der Selbstverleugnung? Weiter vorn in diesem Kapitel habe ich geschrieben, dass die meisten sündigen Gewohnheiten entstehen, indem man den Weg des geringsten Widerstands geht. Spiegelt sich diese Tatsache auch in Ihrem eigenen Leben wider? Was können Sie gerade jetzt tun, um in eine andere Richtung aufzubrechen?

2. Glauben läuft dem Gefühl oft zuwider. Selbst der Versuch, über seine Gefühle den Sieg Jesu zu erfassen, ist im Leben eines Gläubigen Sünde. Es bedeutet, kurz gesagt, »Wandel im Fleisch«. Wir müssen die Sünde, die Realität des Christenlebens auf der Basis des Gefühls zu bewerten, bekennen.
   Henry Teichrob

   Diskutieren Sie über diese Feststellung oder denken Sie darüber nach. Stellen Sie sich dabei folgende Fragen: Warum verändern sich unsere Gefühle so schnell und so stark? Warum meinen wir so oft, Geistliches müsse mit dem »richtigen Gefühl« gleichgesetzt werden? Nennen Sie Beispiele aus der Bibel, wo der Glaube im Gegensatz zu den Gefühlen steht.

3. Lesen Sie die Worte Jesu in Johannes 12,27-28. Inwiefern beweist der Text, dass die Entscheidung Christi, den Willen des Vaters zu tun, oft seinen eigenen Gefühlen zuwiderlief? Welche Pflichten haben Sie, deren Erfüllung nicht Ihren Wünschen entspricht? Warum tun Sie sie dann? Was würde geschehen, wenn Sie nur das tun, wozu Sie Lust haben?

4. Ich habe in diesem Kapitel mehrere Schritte aufgezeigt, die zu tun sind, um seine Gefühle in Bezug auf eine bestimmte

Aufgabe oder ein bevorstehendes Hindernis zu überwinden. Erstens: Gestehen Sie sich Ihre Gefühle ein. Zweitens: Bitten Sie Ihre Freunde und Gott um Hilfe. Drittens: Machen Sie sich klar, dass Ihre Beziehung zu Gott nicht von Gefühlen abhängt. Viertens: Verstehen Sie, dass Gottes Segen dem Gehorsam folgt – und nicht umgekehrt. Nehmen Sie sich etwas Zeit, um im Gebet diese Schritte im Hinblick auf diejenige sündige Gewohnheit, die Sie überwinden möchten, umzusetzen.

5. Welchen praktischen Nutzen ziehen wir aus der Erkenntnis, dass wir im Glauben wandeln und nicht mit emotionaler »Sichthilfe«? Fertigen Sie – so wie ich – eine Liste aller Segnungen an, die Gott Ihnen in Christus zuteilwerden lässt. Nehmen Sie sich gerade in diesem Augenblick etwas Zeit, um Gott für diese Segnungen zu danken, und machen Sie diesen Dank für seine Segnungen zu Ihrer Gewohnheit.

Die Zähmung des Willens

»Ich habe einfach keine Willenskraft!«

Wir alle haben diese Worte wohl schon gesagt – egal, ob wir nun versucht haben, abzunehmen, sparsam zu leben oder von einer Sucht frei zu werden. Wie niederschmetternd ist es, wenn man weiß, dass man etwas tun sollte, und tut es doch nicht, weil einem die Kraft dazu fehlt! Die Kluft zwischen Wissen und Tun ist oft bestürzend. Wir sind scheinbar unfähig, uns selbst auf den richtigen Kurs zu bringen. Wenn wir allerdings unseren Willen nicht wirkungsvoll einsetzen können, werden wir immer in denselben alten Verhaltensweisen verharren und sind in unserem Glaubensleben wie gelähmt.

Können Ihrem Willen Zügel angelegt werden? Ja! Sie brauchen nicht ziellos durchs Leben zu treiben – wie ein Stück Korken in einem Fluss. Sie können es lernen, verantwortungsbewusste Entscheidungen zu treffen und zum Weg des geringsten Widerstands »Nein« zu sagen.

Was ist Ihr Wille?

Sie mögen sich vielleicht fragen, was eigentlich Ihr »Wille« ist. Ihr Wille ist Ihre Fähigkeit, Entscheidungen zu treffen. Oft ist er zwischen Ihren Gedanken und Ihren Wünschen gefangen. Ihre Gefühle drücken aus, was Sie fühlen, Ihr Geist sagt Ihnen, was Sie wissen, doch Ihr Wille gibt an, was Sie wollen. Die ermüdeten Jünger erlebten diese Spannung in Gethsemane. Jesus bat sie zweimal, mit ihm zu wachen, doch sie schliefen ein. Unser Erretter bemerkte dazu: »Wacht und betet, damit ihr nicht in Versuchung kommt; der Geist zwar ist willig, das Fleisch aber schwach« (Matthäus 26,41).

Lassen Sie uns das Problem einmal näher heranholen – beispielsweise in Ihr Schlafzimmer. Der Wecker klingelt um 6 Uhr, und Ihr Geist ist sich voll bewusst, was das bedeutet: Sie sollten sich langsam von einer horizontalen in eine vertikale Lage begeben. Doch Ihr Körper hat da ganz andere Empfindungen. Nun muss Ihr Wille eine Entscheidung treffen, und er hat für diese Entscheidung nur wenige Augenblicke Zeit, sonst entschwinden Sie für eine weitere Stunde in die unbewusste Behaglichkeit.

Wie entscheidet sich nun, ob Ihr Wille der Richtung des Verstands oder den Neigungen des Körpers folgt? Das hängt von Ihren Wünschen und von Ihrer Entschlossenheit, diesen Wünschen nachzugeben, ab. Wenn Ihnen Ihre Arbeit am Herzen liegt, dann werden Sie große Bereitschaft haben, aus dem Bett zu klettern; wenn Ihnen jedoch momentane Bequemlichkeit wichtiger ist als eine Lohntüte, dann werden Sie dazu neigen, den Wecker einfach zu überhören.

Wurden Sie in eine Familie hineingeboren, in der Disziplin und Verpflichtung zur Zuverlässigkeit kleingeschrieben wurden, dann werden Sie sehr stark dazu neigen, das zu tun, was Ihnen natürlicherweise gerade gelegen kommt. Der Hintergrund kann jedoch nicht als Ausrede für Trägheit benutzt werden; denn Menschen, die in Familien mit geordneter Disziplin aufwuchsen, haben mit demselben natürlichen Verlangen zu kämpfen. Ob Sie es glauben oder nicht – im Inneren sind wir alle so ziemlich gleich!

Auch Vererbung beeinflusst den Willen. Wir alle tragen das Erbe des Temperaments unserer Eltern mit uns herum. Menschen, die sich mit dem Studium der menschlichen Natur befassen, meinen, mehrere verschiedene Verhaltensmuster entdeckt zu haben. Jeder von uns ist eine Kombination dieser Temperamente. Um es mit einem Computer zu vergleichen: Unsere Hardware ändert sich nie, aber wir können Veränderungen an unserer Software vornehmen. Unsere grundlegenden Charaktereigenschaften mögen sich vielleicht nie ändern, doch unsere Einstellung und unser Verhalten kann mit Gottes Hilfe verändert werden.

Machen Sie sich einmal bewusst, was wir alles überwinden müssen! In Römer 3,10-11 lesen wir: »Da ist kein Gerechter, auch nicht einer; da ist keiner, der verständig ist; da ist keiner, der Gott sucht.« Auf uns allein gestellt wären wir nicht einmal in der Lage, Gott zu suchen. Er kommt, um uns zu suchen und unsere Wünsche zu verändern, sodass wir besser auf eine Art und Weise leben können, von der wir wissen, dass sie richtig und gut ist.

Jesus hat uns gelehrt, dass kein Mensch zu ihm kommen kann, wenn ihn der Vater nicht zieht (Johannes 6,44.65). Gott errettet Sie nicht, indem er Ihren Willen überlistet. Er arbeitet durch unseren Willen und gibt uns die Chance, die Entscheidung zu treffen, an Christus zu glauben und auch das zu tun, was richtig ist. Vielleicht haben Sie einmal den Ausdruck gehört: »Nimm die Hände vom Steuer und lass Gott ran!« Dabei wird unterstellt, dass Gott das Steuer übernimmt und die vollständige Kontrolle über Sie übernimmt, wenn Sie das so wollen. Doch dieser Gedanke ist nicht biblisch. Wenn Sie sich an Gott ausliefern, wird Ihr Wille dadurch nicht ausgeschaltet. Auch ein an Gott ausgelieferter Wille wird in Kämpfe verwickelt werden, wie der Kampf Jesu in Gethsemane verdeutlicht.

Glücklicherweise hört der Heilige Geist nach der Bekehrung nicht mit seiner Arbeit an unserem Willen auf. Paulus schreibt: »... wozu ich mich auch bemühe, indem ich kämpfend ringe gemäß seiner Wirksamkeit, die in mir wirkt in Kraft« (Kolosser 1,29). Der Heilige Geist steht zu Ihrer Hilfe bereit, sobald Sie einer Versuchung gegenüberstehen oder eine schwierige Entscheidung treffen müssen.

Die Grundlage der Entscheidung

Bevor Sie Ihren Willen mit den Zielen Gottes in Einklang bringen können, brauchen Sie angemessene Zielsetzungen für Ihr Leben. Wenn Sie nicht davon überzeugt sind, dass Ihr Leben lebenswert ist, dann spielt es keine Rolle, ob Sie mit einer sündhaften Gewohnheit brechen oder sie verstärken. Ein sinnvolles Leben ist deshalb die Grundlage für Disziplin und Entschlossenheit, um die richtige Wahl zu treffen.

Tagesgebundene Tätigkeiten sind von kurzfristiger Bedeutung. Wenn Sie beschließen, das Haus zu putzen, den Rasen zu mähen oder ein Kapitel eines Buches zu schreiben, dann empfinden Sie Befriedigung, wenn die Aufgabe vollbracht ist. Spezielle kurzfristige Ziele weisen die Richtung zum Gebrauch Ihrer Zeit und können langfristige Folgen haben.

Doch zeitlich befristete Ziele reichen nicht aus für ein sinnvolles, befriedigendes Leben. Ein leitender Angestellter einer Versicherungsgesellschaft, der alle denkbaren kurzfristigen Ziele erreicht hatte – zwei schöne Häuser, Autos und viel Freiheit –, beging vor Kurzem Selbstmord, weil »das Leben die Mühe des Lebens nicht lohnt«. Er hatte alle seine materialistischen Ziele erreicht und festgestellt, dass sie ihn letztlich nicht befriedigten. Nur ewige Werte können zeitlichen Werten Bedeutung verleihen. Die Zeit muss die Dienerin der Ewigkeit sein. Wir wollen uns einmal ansehen, wie dies geschehen kann.

Als Erstes wollen wir uns das Beispiel von Mose ansehen. Mose konnte zur Welt »Nein« sagen, weil er fest davon überzeugt war, dass die Zeit (oder, wenn Sie wollen, die Ewigkeit) ihm in seiner Entscheidung recht geben würde. Sein Fokus auf die Ewigkeit gab ihm die Kraft, weise Entscheidungen hier auf der Erde zu treffen.

Mose war bereit, auf kurzlebige Freuden zu verzichten. Die Bibel leugnet keineswegs, dass in kurzfristigen Zielen Vergnügen zu finden ist. Am Hof des Pharao hätte Mose ohne Zweifel Wein,

Weib und Gesang, aber auch weitreichende politische Macht genießen können. Doch er wusste, dass solche Vergnügungen nur von kurzer Dauer waren. Sein Glaube an zukünftigen Lohn befähigte ihn, seine unmittelbaren Wünsche zurückzustellen. So konnte er zur Welt »Nein« sagen ohne die Vorstellung, zu kurz gekommen zu sein.

Im Verzeichnis der großen Glaubenden in Hebräer 11 lesen wir: »Durch Glauben weigerte sich Mose, als er groß geworden war, ein Sohn der Tochter des Pharaos zu heißen, und wählte lieber, mit dem Volk Gottes Ungemach zu leiden, als den zeitlichen Genuss der Sünde zu haben, indem er die Schmach des Christus für größeren Reichtum hielt als die Schätze Ägyptens; denn er schaute auf die Belohnung. Durch Glauben verließ er Ägypten und fürchtete die Wut des Königs nicht; denn er hielt standhaft aus, als sähe er den Unsichtbaren« (Hebräer 11,24-27).

Mose konnte erdulden, weil er auf den Unsichtbaren sah. Er sah den Unterschied zwischen Zeit und Ewigkeit. Paulus forderte die Christen in Korinth auf, dass sie »nicht das anschauen, was man sieht, sondern das, was man nicht sieht; denn das, was man sieht, ist zeitlich, das aber, was man nicht sieht, ewig« (2. Korinther 4,18).

Vergleichen Sie die Reife der Kirchenväter, die das Prinzip der späteren Befriedigung verstanden haben, mit der Unreife der jetzigen Generation, die allen Kitzel, alle Spannung und Hochstimmung immer sofort haben will. Dem, was morgen sein wird, wird keine Beachtung geschenkt, noch weniger der ferneren Zukunft. Das Dauerhafte wird auf dem Altar des Kurzlebigen geopfert.

Wer Gott vertraut, kann die Erfüllung seiner Wünsche zurückstellen. Sexuelle Beziehungen können bis zur Ehe warten; die Disziplin eines harten Studiums kann um einer Ausbildung willen ertragen werden; und ein sündhaftes Vergnügen kann zugunsten eines größeren Vergnügens – der Freude der Gemeinschaft mit Gott – aufgegeben werden. Die Frage ist dann nicht, ob wir Freude haben werden – sondern, welche Freude wir haben werden: die flüchtigen und unbefriedigenden Freuden der Sünde oder die anhaltenden Freuden eines Lebens mit Gott?

Nun lassen Sie uns das Beispiel Jesu Christi betrachten. Jesus wusste, woher er gekommen war, warum er auf der Erde wandelte und was für ein Werk er vollbringen sollte. Er kam vom Himmel herab – nicht, um seinen eigenen Willen zu tun, sondern, um den Willen des Vaters zu erfüllen. Diese Entschlossenheit bestimmte jede seiner Entscheidungen. So ließ er sich nicht durch Belanglosigkeiten ablenken. Nie war er in Eile, denn er wusste, dass der Vater ihm keine Aufgabe übertragen würde ohne die erforderliche Zeit für ihre Durchführung. Christus wurde durch Krisen nicht gehetzt, und er hatte nicht das Empfinden, er müsse jeden in Israel heilen. Er konnte sagen: »Es ist vollbracht!«, obwohl noch viele Menschen von Dämonen besessen und mit Krankheiten behaftet waren. Letzten Endes kam es nicht auf die Zahl der geheilten und gespeisten Menschen an, sondern darauf, dass der Wille des Vaters erfüllt wurde. Seine klar definierten Ziele vereinfachten seine Entscheidungen.

Auch wir brauchen eine solche Zielstrebigkeit. Dr. Ari Kiev vom Cornell Medical Center stellt fest: »Wenn ich das Leben von Menschen beobachte, die mit widrigen Umständen fertig geworden sind, dann stelle ich immer wieder fest, dass sie sich Ziele setzen und mit aller Kraft, ungeachtet der Hindernisse, versuchen, diese Ziele zu erreichen. Von dem Augenblick an, da sie sich im Geist ein Ziel gesteckt und beschlossen haben, alle ihre Energien auf einen spezifischen Zielpunkt zu konzentrieren, beginnen sie auch die schwierigsten Umstände zu überwinden.«

Wir müssen aufhören, Dingen, die von niedrigerer Priorität sind, einen hohen Wert beizumessen. Wir müssen ein für alle Mal feststellen, dass unser Ziel ist, unserem Vater im Himmel zu gefallen. Wenn wir uns erst einmal von unseren »Götzen«

getrennt haben und wissen, dass Gott unser Ziel ist, ist es viel einfacher, die richtigen Entscheidungen zu treffen. Unser Weg zur Freiheit wird uns dann in der Tat Freude bereiten.

Wie können wir uns Ziele setzen?

Das Unsichtbare ist wertvoller als das Sichtbare, und das Ewige ist dauerhafter als das Zeitliche. Was aber haben diese Tatsachen mit unseren Werten, unseren Zielen zu tun? Unsere Ziele, die wir uns stecken, sind abhängig von unseren Vorstellungen über das Leben, von unserem Selbstverständnis. Im Rahmen unserer höchsten Verpflichtungen legen wir unsere kurzfristigen Ziele fest.

Ich möchte Ihnen drei Ebenen der Verpflichtung vorschlagen, die dem Leben eines Christen angemessen sind: 1. Verpflichtung für Gott in Christus, 2. Verpflichtung für den Leib Christi und 3. Verpflichtung für das Werk, das Gott uns aufgetragen hat. Diese drei Ebenen bilden den Rahmen, innerhalb dessen Sie im Einzelnen festlegen können, was Sie mit Ihrem Leben anfangen wollen. In Ihrer Verantwortung liegt es, Ihre Pläne für die Erfüllung dieser Verpflichtungen schöpferisch zu gestalten. Ihre Verpflichtung für Gott könnte beispielsweise bedeuten, dass Sie jeden Tag eine halbe Stunde opfern, um den Einen kennenzulernen, dem Sie sich verpflichtet haben. Sie möchten vielleicht die Zeit beschneiden, die Sie am Fernseher verbringen, oder sogar den Fernseher ganz abschaffen.

Sicherlich möchten Sie auch in anderen Bereichen Ihres Lebens Ziele setzen.

Vielleicht möchten Sie einige Pfunde verlieren, die Sie zu viel haben. Ein von Gott erlöster Körper sollte nicht zum Opfer von Fresssucht werden. Wenn Sie sich einmal entschlossen haben, wie viel Sie abnehmen wollen und welche Diät Sie anwenden möchten, dann halten Sie sich auch daran! Verzichten Sie auf die unmittelbare Befriedigung von augenblicklichen Wünschen. Wenn es Sie nach Speisen gelüstet, die nicht auf Ihrem Diätplan stehen, dann bedenken Sie, dass dieses augenblickliche Verlangen zurückgestellt werden kann. Ihr Ziel, Gott zu ehren, sollte Ihnen mehr bedeuten als die Gier nach übermäßigem Essen. Doch passen Sie auf, dass eine solche Diät – oder irgendeine andere Verpflichtung – nicht selbst zu einem Gott wird. Gott wünscht sich ein gesundes Gleichgewicht in unserem Leben.

Natürlich reicht der Wert einer solchen Disziplin auch in alltägliche Lebensbereiche wie das morgendliche Aufstehen, das Wegbringen von Abfall oder Fensterputzen hinein. Sie können Ihren Körper durchaus unter Kontrolle bringen und das tun, was Sie tun sollten und was auf der Linie der von Ihnen gesteckten Ziele liegt. Wenn Sie Ihre Verpflichtungen Gott gegenüber bewerten, stellen Sie sicher, dass ihr Nein- oder Ja-Sagen mit Ihren langfristigen Zielen im Einklang ist.

Ihre augenblicklichen Gefühle sind kein guter Wegweiser zur Erfüllung erstrebenswerter Ziele. Paulus hatte seinen Körper unter Kontrolle: »Ich zerschlage meinen Leib und führe ihn in Knechtschaft, damit ich nicht etwa, nachdem ich anderen gepredigt habe, selbst verwerflich werde« (1. Korinther 9,27). Es gibt einfach keine Möglichkeit, alle Wünsche Ihres Leibes zu erfüllen. Wenn Sie das täten, dann wären Sie in spätestens einer Woche tot!

Es ist schwer, sich Gott auszuliefern

Es ist gut, Dringlichkeitsstufen festzusetzen, Ziele zu haben. Aber wie steht es mit Ihren Wünschen? Mit Ihrem Willen? Wie werden Sie diese Ziele erreichen, die Sie sich stecken und die Sie für Gottes Willen zur Gestaltung Ihres Lebens halten?

Die Aufstellung guter Ziele ist nicht leicht, an ihrer Erreichung festzuhalten noch bedeutend schwerer. Als Christ brauchen Sie die Hilfe Gottes, wenn Sie danach streben, seinen Willen zu tun. Doch gerade an diesem Punkt entzündet sich der Konflikt.

Der Kampf zwischen unserem Eigenwillen und dem Willen Gottes ist heftig. Wir haben erfahren, dass wir mit dem Wunsch geboren wurden, unser eigenes Geschick zu lenken, selbst zu entscheiden. Unser gefallener Wille ist folglich äußerst geschickt darin, Entscheidungen in Übereinstimmung mit unserem Stolz, unserer Unabhängigkeit und unserer Selbstbestimmung zu treffen. Die Vorstellung, dass Gott über uns herrschen sollte, widerstrebt uns – vor allem, wenn er beginnt, sich in unsere Privatangelegenheiten einzumischen.

Sie wollen nicht, dass Gott für Sie den passenden Ehepartner aussucht oder vielleicht sogar den Ledigenstand für Sie vorsieht. Sie wollen Ihre Pläne nicht einer höheren Instanz zur Genehmigung vorlegen. Wenn Sie Ihren Sonntagnachmittag damit verbringen wollen, sich Fußball anzuschauen, dann sollte das doch Ihre Entscheidung sein. Oder wenn Sie mit Ihren Geldspenden für die örtliche Gemeinde etwas knauserig sind, so ist das ebenfalls Ihre Angelegenheit. Es erscheint Ihnen ziemlich unpraktisch, sich restlos Gott anzuvertrauen. Wenn Sie sich nicht um sich selbst kümmern, wer sollte es dann tun? Sie müssen schon die Nummer eins sein!

Gerade in einer Haltung dieser Art zeigt sich die Notwendigkeit, Gehorsam und Bescheidenheit zu lernen. Im Allgemeinen gehen wir davon aus, dass der menschliche Wille gestärkt werden muss, doch paradoxerweise werden wir nur stärker, wenn wir schwächer werden. Wenn wir unseren Willen Gott ausliefern, dann entdecken wir schließlich die Kraftquellen, die uns zufließen, um das zu tun, was Gott von uns verlangt. Wenn wir uns ihm anvertrauen, dann empfangen wir seine Kraft.

Wenn wir am Ende angekommen sind, wo der Weg nicht mehr weitergeht, ist Gott da und fängt uns auf – aber nicht vorher. David wusste, dass er Gott nichts Besseres anbieten konnte als einen ergebenen Willen: »Die Opfer Gottes sind ein zerbrochener Geist; ein zerbrochenes und zerschlagenes Herz wirst du, Gott, nicht verachten« (Psalm 51,19). Die Hingabe an Gott schließt immer Bescheidenheit mit ein, d. h. die Einsicht, dass wir weder qualifiziert noch fähig sind, das zu tun, was wir eigentlich tun sollten. Die Versuchung, mit dem Allmächtigen zu ringen, ist immer gegenwärtig in uns.

Ein Geschäftsmann erwachte eines Sonntagsmorgens und ging mit Freunden zum Golfspielen. Er wusste, dass in seiner Gemeinde eine Zusammenkunft der Männer stattfand, Teil einer in Gang gekommenen Erweckung. Als er bei seinem Spiel 18 Löcher beendet hatte, war es Mittag. Die Neugier trieb ihn, an der Gemeinde anzuhalten. Er hoffte, dass die Versammlung vorüber war. Wenn nicht, dann wollte er wenigstens nachschauen, wer da war. Zu seiner Verblüffung lag die Hälfte der Männer auf den Knien, und vielen strömten Tränen übers Gesicht. Andere waren in einem Nebenraum zu einem besonderen Gebet versammelt.

Er nahm all das einen Augenblick in sich auf, dann ballte er die Faust und schlug sie zornig in die andere Hand mit den Worten: »Mich kriegst du nie, Gott!«

Kriegen wozu? Was konnte einen Christen dazu bringen, so etwas zu sagen? Sein Gemüt wurde am stärksten bedrückt durch sein Verhältnis zu seinen Kindern. Der Mann hatte ein äußerst heftiges Temperament, und viele Male hatte er die Gefühle seiner Kinder gekränkt und ihren Geist verletzt. Er wusste: Wenn Gott ihn »kriegte«, würde er sich demütigen und seine Kinder um Vergebung bitten müssen. Er entschied, dass der Preis zu hoch sei.

Wenn wir gegen die Forderungen Gottes ankämpfen und versuchen, sich von dem wegzuschleichen, was uns nicht passt, dann verrennt sich unser Geist in einen verzweifelten Überlebenskampf. Sagen wir dagegen »Ja« zu Gott, dann entdecken wir die Fähigkeit, seinen Willen zu tun. Stärke ist abhängig davon, dass wir uns Gott übergeben.

Gott »bekam« den Geschäftsmann doch. Dieser demütigte sich und bat seine Kinder um Vergebung. Später, als er berichtete, wie Gott seinen Widerstand gebrochen hatte, weinte er, ohne sich zu schämen. Gott schenkte ihm die Kraft, das zu tun, wozu er aus eigener Macht nicht fähig war. Und der Heilige Geist verlieh seinem Willen neue Energie, als er seinen Widerstand aufgab und zu seiner Sünde »Nein« sagte. An diesem Punkt wurde es für Gott möglich, durch den Willen dieses Mannes sein Ziel zu erfüllen.

Den Konflikt mindern

Verliert die Versuchung jemals ihre Macht? Nicht völlig. Selbst wenn wir von dem Verlangen beseelt sind, Gott zu gefallen, erleben wir einen Konflikt, denn Gott fordert oft Gehorsam, der unseren inneren Triebkräften zuwiderläuft. Jesus selbst drückte diesen Konflikt so aus: »Denn ich bin vom Himmel herabgekommen, nicht um meinen Willen zu tun, sondern den Willen dessen, der mich gesandt hat« (Johannes 6,38). Er stellte alle persönlichen Bestrebungen beiseite und unterwarf sich dem Willen seines Vaters.

Der Konflikt zwischen Ihren augenblicklichen Interessen und Gottes langfristigen Zielen verschwindet nicht einfach. Doch es gibt eine Antwort. Wenn Sie sich Gott anvertrauen, beginnt der Heilige Geist diese Probleme zu lösen. Er setzt die Bruchstücke Ihres Lebens zusammen. Er zeigt Ihnen seine Wahrheit als Norm für Ihre Entscheidungen. Er bringt Ihnen eine Zielstrebigkeit bei, die Sie nie zuvor gekannt haben. Er zeigt Ihnen den Lohn für ein Leben in seiner Liebe und Gerechtigkeit. Und nach einiger Zeit werden Sie erkennen, dass in vielen Fällen das, was Gott von Ihnen verlangt, in Wirklichkeit das ist, was Sie tun möchten. So, wie David schrieb: »Ergötze dich an dem Herrn: So wird er dir geben die Bitten deines Herzens« (Psalm 37,4).

Dies hilft uns, den Konflikt Jesu zu verstehen. Seine menschlichen Neigungen standen in der Tat dem entgegen, was der Wille des Vaters verlangte. Paulus schreibt, dass Christus nicht für sich selbst gelebt habe (Römer 15,3). Doch viel größer als der natürliche Wunsch, das Leiden zu umgehen, war seine Befriedigung in der Erfüllung des göttlichen Willens. David sagte bereits die Worte Christi voraus:»Dein Wohlgefallen zu tun, mein Gott, ist meine Lust« (Psalm 40,9).

Stellen Sie sich ein Stück Stahl vor, das zwischen zwei Magneten hängt. Es schwankt unsicher zwischen rechts und links. Einen Augenblick lang hält es inne. Es könnte in die eine oder in die andere Richtung schwingen, denn es wird gleich stark in beide gezogen. Nach diesem kurzen Stillstand bewegt es sich in eine der beiden Richtungen. Dann schwingt es schneller in diese Richtung; nun kann es nicht mehr zurück. Es hat den Bereich der Anziehungskraft des anderen Magneten verlassen.

Vielleicht schwanken Sie zwischen Gott und der Welt hin und her. Einmal sind es Ihre eigenen Wünsche, einmal die Wünsche Gottes. Niemand weiß, wie Ihre Entscheidung jeweils ausfallen wird. Doch je weiter Sie sich in die Richtung Gottes bewegen, desto schwächer wird die Anziehungskraft der Welt für Sie werden. Und eines Tages werden Ihnen Ihre Entscheidungen leichter fallen. Zu Gott »Ja« zu sagen, kann Ihre Gewohnheit stark verändern.

Aus dem Beispiel mit dem Stahl zwischen den beiden Magneten können Sie noch eine weitere Lektion lernen. Sie können nicht »Nein« sagen zur Versuchung, wenn Sie nicht »Ja« sagen zu Gott. So wie der Magnet wird auch die Welt niemals ihre Anziehungskraft verlieren. Ihrer Macht einfach widerstehen zu wollen, wäre nutzlos; kein Wille bringt diese Kraft auf. Sie müssen Ihre Aufmerksamkeit auf Gott konzentrieren, wie es in der Heiligen Schrift geoffenbart ist. Erst dann bewegen Sie sich aus dem Einflussbereich der Welt fort.

Ich stellte fest, dass ich lockenden Gedanken nicht einfach

dadurch widerstehen kann, dass ich sage: »Ich widerstehe diesem Gedanken!« Der Gedanke kehrt immer wieder zurück. Ich bin jedoch in der Lage, meine Gedanken auf die Heilige Schrift zu lenken – eine Bibelstelle zu zitieren, ein Loblied zu singen oder meine Gemeinschaft mit Gott zu erneuern. Nur in der Gegenwart des Allmächtigen verliert die Welt ihre Verlockung.

Gott schenkt uns die Fähigkeit, zur Sünde »Nein« zu sagen. Paulus drängte seine Leser zum Gehorsam, aber nicht einfach, indem er an ihren hilflosen menschlichen Willen appellierte. Er erinnerte sie daran, dass es Gott ist, »der in euch wirkt sowohl das Wollen als auch das Wirken, zu seinem Wohlgefallen« (Philipper 2,13). Gott wirkt in uns dadurch, dass er unseren Willen stärkt. Er hilft uns, die Entscheidungen zu treffen, die von uns gefordert werden und die wir letztlich auch treffen wollen.

Gott gebraucht unsere Kämpfe mit der Versuchung, um uns das Vertrauen in seine Kraft zu lehren. Eine Frucht des Geistes ist die Selbstbeherrschung oder Enthaltsamkeit (Galater 5,23). Das bedeutet in diesem Zusammenhang, mit unguten Wünschen fertig zu werden im Interesse höherer Ideale.

Sie brauchen sich gegenüber einer Woge von Versuchungen nicht machtlos zu fühlen. Vielleicht empfinden Sie ein unstillbares Verlangen nach Drogen, Alkohol oder Sex. Vielleicht sind Ihre Sünden auf Ihren Geist beschränkt. Welcher Art Ihre Sünden auch sind: Es gibt eine Hoffnung. Wie Jesus, Mose und eine unübersehbare Schar von Heiligen vor Ihnen können auch Sie zu jeder hartnäckigen Gewohnheit »Nein« sagen, indem Sie die Prioritäten richtig setzen. Und je mehr Sie Christus lieben, desto mehr verliert die Welt an Anziehungskraft.

Fragen zur Vertiefung

1. Lesen Sie Psalm 73, der von Asaph geschrieben wurde, der sich zu fragen begann, ob es sich lohne, Gott zu dienen. Beachten Sie vor allen Dingen, wie sich sein Problem löste, als er begann, sich mehr auf ewige und weniger auf zeitliche Belohnungen zu konzentrieren. Was für zeitliche Dinge in Ihrem eigenen Leben können Sie etwas zurückfahren, um im Gegenzug etwas mehr Dinge von Ewigkeitswert tun zu können? Schreiben Sie sie auf.

2. Denken Sie über Sprüche 25,28 nach. Beschreiben Sie die Eigenschaften eines Menschen, der keine Kontrolle über seinen Geist hat. Was sind die Vorteile, wenn man sich in Zucht hat?

3. Machen Sie mit folgender Frage eine Bestandsaufnahme Ihres Lebens: In welchen Bereichen widerstrebe ich einer totalen Herrschaft Gottes? Diese Bereiche können sein: Zeiteinteilung, Geld, Vergnügungen, Freizeit, Beruf, Gesundheit, Ansehen bei den Leuten, Familienstand, Freundschaften, verbrachte Zeit vor dem Computer usw. Gehen Sie sofort ins Gebet und legen Sie diese Bereiche vollständig in Gottes Hände.

4. Nehmen Sie sich jetzt etwas Zeit und fertigen Sie eine Liste mit Ihren kurzfristigen und Ihren langfristigen Zielen an. Orientieren Sie sich dabei an den verschiedenen Ebenen der Verpflichtung, die in diesem Kapitel genannt wurden: 1. Verpflichtung für Gott in Christus, 2. Verpflichtung für den Leib Christi und 3. Verpflichtung für das Werk, das Gott Ihnen aufgetragen hat.

5. Wenn Sie es bisher noch nicht getan haben sollten, reservieren Sie jeden Morgen zwanzig Minuten, um den Tag mit Gott zu beginnen. Sie werden sicher versucht sein, diese Verpflichtung nicht durchzuhalten. Notieren Sie sich, welcher Art diese Versuchungen sein könnten, und arbeiten Sie eine Strategie zu ihrer Bekämpfung aus.

Die Fürbitte Christi und der Gläubigen

Manchmal muss ich an ein Pferd denken, das auf unserer Farm aufwuchs. Es ging selbst in einen Sumpf hinein, aber es musste von einem Traktor dort wieder herausgezogen werden. Wie bei meinem Pferd ist es auch bei uns möglich, die schlimmsten Gewohnheiten aus uns selbst heraus zu entwickeln, aber wir brauchen Hilfe, um wieder aus ihnen herauszukommen.

Eines schönen Sommertages aß ich mit einem Mann zu Mittag, der Männern dabei half, zur Internet-Pornografie »Nein« zu sagen. Ich hatte erwartet, dass er mir eine neue geistliche Wahrheit mitteilt, die ich bisher noch nicht kannte, damit ich sie denen weitergeben kann, die sich in einem solchen Kampf befinden. Zu meiner Überraschung sagte er, dass der hilfreichste Rat für diese Männer wäre, zu einer kleinen Gruppe von anderen Männern dazuzustoßen, um gemeinsam in der Bibel zu lesen und zu beten. Durch zwischenmenschliche Beziehungen und gegenseitiges Ablegen von Rechenschaft stärkt Gott die Demut und die Treue derer, die gemeinsam gegen Versuchungen und Sünden ankämpfen.

Der Leib Christi hat nicht nur die Kraft, seinen Gliedern dabei zu helfen, hartnäckige Gewohnheiten zu überwinden. Er kann auch jenen helfen, die geistliche Niederlagen jeder Art durchleben – zum Beispiel Depression.

Susan hatte die Absicht, am 22. August zu sterben. Seit zwölf Jahren war sie gläubig und hegte keinen Zweifel daran, Gottes Kind zu sein. Sie war Mitarbeiterin in der Sonntagsschule, bezeugte ihren Glauben und versuchte, ein »gutes Leben als Christ« zu führen.

Doch nun durchlebte sie lange Phasen der Depression. Ihre

Gesundheit ließ zu wünschen übrig, und der Druck zu Hause wurde unerträglich. Zwei ihrer älteren Kinder waren gerade in einem rebellischen Stadium, und Susan wurde mit alledem nicht fertig. Sie erwartete Unterstützung von ihrem Mann, empfand ihn jedoch als gefühllos und kalt; er verstand einfach nicht, was sie durchmachte. Sie las Bücher, um eine Antwort zu finden, doch nichts schien zu helfen. Ihre einzige Erleichterung fand sie in Beruhigungsmitteln und Schlaftabletten. Sie fühlte sich in ihrem Kampf alleingelassen, und niemand konnte ihr helfen.

Der nächste Schritt war, eine Scheidung ins Auge zu fassen. Sie erinnerte sich später daran: »Ich wollte da heraus, und zwar möglichst schnell.« Ihr Mann hatte kurz vorher bei einer Versammlung in ihrer Gemeinde sein Leben Christus ausgeliefert. Susan war froh darüber; er brauchte das. Doch nun setzte sich langsam in ihr der Gedanke fest, dass ihr Mann sie nicht mehr liebte. Er ging einfach mit lächelndem Gesicht umher, völlig entspannt, und schien noch weniger zu merken als vorher.

Susan hatte von alledem genug, auch vom Leben selbst. Sie erwachte am 22. August und plante mit peinlicher Sorgfalt ihren letzten Tag auf Erden: Sie wollte ihrem Sohn helfen, seinen Führerschein an diesem Tag zu bekommen, und vielleicht auch noch zu Hause einige Dinge in Ordnung bringen. Ihre Schlaftabletten hatte sie bei sich. Sie war mit sich im Frieden, zuversichtlich, dass sie die richtige Entscheidung getroffen hatte.

Als sie mit ihrem Sohn wieder nach Hause gekommen war, zog sie sich um. »Wohin gehst du?«, fragte ihr Sohn. »Zur Frauenstunde in der Gemeinde«, antwortete sie, ohne nachzudenken. »Musst du hingehen?«, erkundigte er sich.

Eigentlich wollte Susan nicht hingehen, entschloss sich aber, es doch zu tun. In der Gemeinde gingen ungewöhnliche Dinge vor sich; tatsächlich war eine Erweckungsbewegung im Gange. Die Frauen hielten eine besondere Versammlung ab. Noch immer in der Gewissheit, dass dies ihr letzter Tag auf Erden sei, weinte sie die sechs Kilometer bis zur Gemeinde vor sich hin.

»Herr«, betete sie, »ich weiß, dass John mit einer neuen Frau besser dran ist, und auch die Kinder werden es bei einer anderen Mutter besser haben.«

Zitternd betrat sie den Altarraum. Die lächelnden Gesichter der Frauen hielten ihr ihre eigene Niedergeschlagenheit nur noch deutlicher vor Augen. Sie konnte nicht mitsingen, stattdessen weinte sie fünfzehn Minuten lang vor sich hin.

Als eine Pause für einen kleinen Imbiss eingelegt wurde, konnte sie nichts zu sich nehmen. Seit vier Tagen hatte sie nichts gegessen, und sie hatte auch jetzt nicht die Absicht, eine Mahlzeit einzunehmen. Eine Frau schlug ihr vor, in den Gebetsraum zu kommen, um Hilfe zu suchen. Susan kämpfte heftig mit sich. Sie hatte nicht vor, ihre Sünde zu bekennen und sich Gott anzuvertrauen. Doch vier andere Frauen gesellten sich zu ihr. Sie lasen mit ihr in der Heiligen Schrift und fingen an zu beten. Auf Knien bildeten die Frauen eine Gebetsgemeinschaft für Susan. Nach einer Stunde war diese lange Krise vorbei. Als Susan den Gebetsraum verließ, dachte sie nicht mehr ans Sterben, wie sie im Rückblick erzählte. »In meinem ganzen Leben habe ich mich nicht so lebendig gefühlt.«

Sechs Monate später schrieb sie: »Obwohl Satan mich seitdem noch einige Male gebeutelt hat, kann ich sagen, dass Gott alle Dinge gut macht, denn seine Macht zeigt sich wirklich in der Schwachheit. Ich habe durchaus Probleme mit meiner Gesundheit – aber die Depression ist gewichen.«

Susans Erfahrung veranschaulicht einen wichtigen biblischen Grundsatz: Wir können nicht erfolgreich auf uns selbst gestellt ein christliches Leben führen. Gott hat nie beabsichtigt, dass auch nur einer von uns Fehlschlag oder Erfolg allein erleben sollte, unabhängig vom Leib Christi. Wir brauchen Gottes Volk zur Ermutigung und Fürbitte und um die Stärke zu empfangen, die aus einer engen Gemeinschaft kommt.

Und vielleicht noch dringender brauchen wir die Fürbitte Christi. Unsere Sünde ist niemals eine Privatangelegenheit.

Wir können nicht sagen: »Es trifft ja nur mich.« Gott, Christus und Satan sind in unserem Versagen mit eingeschlossen, ob es nun öffentlich oder privat ist. Satan klagt uns vor dem Vater an, der Sohn bittet für uns, und der Vater spricht das Urteil. Lewis Sperry Chafer pflegte zu sagen: »Eine geheime Sünde auf Erden ist ein offener Skandal im Himmel.«

Die Fürbitte Christi

Wenn eine Familie von einem Schicksalsschlag heimgesucht wird, dann können solche Menschen am besten trösten, die Ähnliches erlebt haben. Eine Witwe kann eine andere Witwe trösten; Eltern, die ein Kind verloren haben, erfahren Trost von Eltern, denen das gleiche Schicksal widerfahren ist. Zwei Gründe gibt es dafür: Einmal ist es ermutigend zu wissen, dass andere ein ähnliches Problem hinter sich haben, und zum anderen wünschen wir uns alle, jemandem zu begegnen, der weiß, wie uns ums Herz ist.

Auf Christus trifft beides zu. Er erfuhr jede Versuchung, der wir je ausgesetzt waren, sind oder sein werden. Er wurde von Satan angegriffen und von körperlichen Schmerzen geplagt. Er erlitt Hunger, Zurückweisung, Tod und wurde damit fertig. Und heute ist er zutiefst bewegt von unseren eigenen Gefühlen und Kämpfen. Die qualvollen Schmerzen am Kreuz zusammen mit dem Entsetzen, mit der Sünde identifiziert zu werden, bedeuteten eine schlimmere Marter, als wir sie je ertragen könnten. Deshalb heißt es in der Heiligen Schrift zu Recht: »Denn wir haben nicht einen Hohenpriester, der nicht Mitleid zu haben vermag mit unseren Schwachheiten, sondern der in allem versucht worden ist in gleicher Weise wie wir, ausgenommen die Sünde« (Hebräer 4,15). Heute kann Christus zu uns sagen: »Ich weiß, was du fühlst.« Darüber hinaus ist er erfüllt von Mitleid – Mitgefühl, wenn Sie so wollen – für unsere Schwächen.

Können wir Satan siegreich gegenübertreten? Können wir den Tod erfahren und sicher am anderen Ufer ankommen? Jesus konnte es, und durch ihn können wir es auch! Da er alle Versuchungen erduldet hat, bietet er uns allen Hoffnung. Heute sitzt er zur Rechten Gottes des Vaters und bittet für uns (Römer 8,34). Er tritt für uns ein, und seine Gegenwart hält dem Vater ständig vor Augen, dass wir zu einem hohen Preis erkauft worden sind. Wenn wir sündigen, dann greift er unseren Fall auf und übernimmt als unser Anwalt die Bereinigung unserer Beziehung zu Gott (1. Johannes 2,1).

Das Leben von Simon Petrus bietet ein Beispiel für die Macht der Fürbitte Christi. Nach der Einsetzung des Abendmahls sagte der Herr zu ihm: »Simon, Simon! Siehe, der Satan hat begehrt, euch zu sichten wie den Weizen. Ich aber habe für dich gebetet, damit dein Glaube nicht aufhöre; und du, bist du einst umgekehrt, so stärke deine Brüder« (Lukas 22,31-32).

Petrus entgegnete: »Herr, mit dir bin ich bereit, auch ins Gefängnis und in den Tod zu gehen« (Vers 33). Christus blieb unbeeindruckt. Er wusste, dass Petrus ihn kurze Zeit später verleugnen würde. Innerhalb von wenigen Minuten hatte sich Petrus' Mut in Feigheit verwandelt.

Wurde das Gebet Christi erhört? Jawohl! Petrus verleugnete Christus zwar, aber damit ist die Geschichte noch nicht zu Ende, denn es heißt: »Und er [Petrus] ging hinaus und weinte bitterlich« (V. 62). Nach seiner Reue war er in der Lage, andere zu trösten und zu stärken. Sein Wirken, wie es in der Apostelgeschichte verzeichnet ist, und seine Briefe an die junge und leidende Gemeinde beweisen, dass das Gebet Christi Gehör fand.

Satan sichtete Petrus und deckte auf, dass er zum Teil Spreu, zum Teil Weizen war. Doch aufgrund der Fürbitte Jesu wurde die Spreu hinweggeblasen, und der Weizen wurde zur Nahrung für andere in Not. Auch heute gibt Gott Satan die Erlaubnis, das Gleiche auch mit uns zu tun. Versuchungen, Kämpfe und Fehlschläge, das alles ist Teil dieses Prozesses. Sind wir nicht alle wie

Petrus ein Gemisch aus Spreu und Weizen? Doch unser Herr ist nahe, uns zu stützen und zu einem Halt zu verhelfen, der uns vor einem Straucheln bewahrt, von dem uns niemand mehr aufhelfen könnte. »Denn worin er selbst gelitten hat, als er versucht wurde, vermag er denen zu helfen, die versucht werden« (Hebräer 2,18).

Welch eine Ermutigung! Denken Sie noch einmal über jene Sünde in Ihrem Leben nach, mit der Sie anscheinend nicht fertig werden. Das Ergebnis dieses Kampfes ist für Gott von höchster Bedeutung. Es ist eine Auseinandersetzung zwischen Christus und Satan, und Sie sind die Siegestrophäe!

Doch Christus ist nicht der Einzige, der für uns bittet. Er fordert alle Gläubigen auf, an diesem verdienstvollen Amt mitzuwirken. Erinnern Sie sich an Jesu Fürbitte in Gethsemane? Er hatte einen Todeskampf auszufechten in der Erwartung des Kreuzes und bat seine Jünger, mit ihm zu wachen. Zweimal bat er sie, ihm in seinen Leiden beizustehen. Sie versagten, weil sie zu müde waren, doch die Aufforderung bestand. Die Aufforderung Christi gilt auch uns. Wir können mit ihm für andere Gläubige bitten. Wir sind eingeladen, mit ihm zusammen in der Fürbitte zu wirken.

Die Fürbitte der Gläubigen

Manchmal wird die Sünde, die uns im Griff hält, nicht weichen, wenn wir nicht die Gebetshilfe des Volkes Gottes in Anspruch nehmen, vor allem wenn Alkoholismus, Drogenabhängigkeit oder sexuelles Fehlverhalten im Spiel sind. Wir brauchen die zusätzliche Hilfe von anderen, die für uns in der Gegenwart Gottes einstehen. Nachdem ich kurz zuvor auf einer Gemeindeveranstaltung gesprochen hatte, kam eine junge Frau zu mir, die mit homosexuellen Handlungen zu kämpfen hatte. Sie spürte ihre moralische Schwachheit, und sie war sich in Wirklichkeit nicht einmal sicher, ob sie ihren Lebensstil ändern wollte. Auf jeden Fall brauchte sie das inständige Gebet und die Ermutigung des Volkes Gottes, um mit ihrem Problem fertig zu werden.

Warum ist das erforderlich? Warum schenkt uns ein allmächtiger Gott in bestimmten Situationen nicht einfach den Sieg, obwohl wir uns, jeder für sich allein, um die Anwendung der richtigen Prinzipien bemüht haben? Oberflächlich gesehen scheint es seltsam, dass mein Versagen oder mein Erfolg dann von der Nachlässigkeit oder der Treue anderer Gläubiger abhängig sein sollte. Warum also die Notwendigkeit der Beteiligung anderer?

In erster Linie, weil Gott möchte, dass wir unseren unabhängigen Geist beiseitetun. Von Natur aus sind wir Geschöpfe, die lieber nach ihrem eigenen Zuschnitt leben wollen. Wie wir leben, ist unsere eigene Sache – welches Recht hat irgendjemand, danach zu fragen oder auch nur daran interessiert zu sein, welche geistlichen Fortschritte wir machen? Wenn wir andere das wissen lassen wollen, dann sagen wir es ihnen schon!

Das Neue Testament lehrt uns etwas anderes. Wir alle sind Glieder des Leibes Christi, und jeder von uns beeinflusst die Funktion anderer Glieder. Wenn Sie schon einmal Zahnschmerzen hatten, dann wissen Sie, dass die einzelnen Teile Ihres Körpers nicht unabhängig voneinander funktionieren. Wenn ein Zahn schmerzt, dann tut der ganze Körper weh.

Haben Sie je eine vom Körper abgetrennte menschliche Hand gesehen? Ein grauenvoller Anblick! Doch am Arm festgewachsen und mit dem Nervensystem verbunden ist die Hand nicht nur im höchsten Maße nützlich, sondern auch schön. Der Unterschied liegt in ihrer Beziehung zum Körper. Auch in Christus ist kein Einzelner etwas, wenn er vom Leib abgetrennt ist.

Deshalb möchte Gott, dass wir uns die Hilfe anderer Gläubiger zunutze machen. Es ist demütigend, zugeben zu müssen, dass wir ihre Unterstützung und Hilfe brauchen, aber es ist so. Unsere Kämpfe und Versuchungen erinnern uns daran, dass

Erfolge oder Fehlschläge immer eine Sache der Gemeinschaft sind. Im Leib Christi ist kein Platz für Einzelgänger. Und der Stolz, der uns davon abhält, ehrlich zueinander zu sein, muss zerbrochen werden.

Deshalb müssen wir die anderen Gläubigen kennenlernen. Gut ist es, in einer Gemeinde Freundschaften zu schließen, wo sich Gläubige zu Gemeinschaft, Lehre und gemeinsamem Einsatz zusammenfinden. In dem großen Kreis von Gläubigen werden wir einige finden, mit denen man gemeinsam eine besondere Freundschaft aufbauen kann. Wenn das Vertrauen gewachsen ist, dann können wir uns auch in Zeiten der Not an diese Freunde wenden. In einem solchen Augenblick zapfen wir einen geistlichen Kraftstrom an. »Denn wo zwei oder drei versammelt sind in meinem Namen, da bin ich in ihrer Mitte« (Matthäus 18,20). Die erste Pflicht des Volkes Gottes ist das inständige Gebet füreinander; nicht nur das Einzelgebet, sondern das gemeinsame Gebet in der Gruppe ist wichtig.

Vor Kurzem sprach ich mit einem Ehepaar. Es schmerzte sie sehr, dass ihnen ihr Pflegekind von der Kindesmutter wieder weggenommen worden war. Diese war eine hoffnungslos neurotische und verbitterte Frau. Sie hatte ihren Sohn ausfindig gemacht und entführt. Man kann nur zu gut verstehen, dass dieses gläubige Paar, das den Jungen von Geburt an gepflegt hatte, zutiefst aufgewühlt war. »Alle beten für uns, aber es zeigt sich noch kein Lichtblick in dem Fall«, sagte mir die verstörte Frau. Auf meine Frage, ob sie sich mit anderen zum Gebet treffe, erwiderte sie: »Nein, aber alle sagen, dass sie für uns beten.« Ich schlug ihr vor, eine Gruppe von etwa sechs anderen Gläubigen auszuwählen und sich regelmäßig mit ihnen zum Gebet zu treffen. – Es genügt nicht, wenn die anderen sagen, dass sie beten. Es ist eine Hilfe, wenn wir unser Herzeleid mit gläubigen Menschen teilen können. Jesus – Sie erinnern sich – wollte seine Jünger in seinem Todeskampf in Gethsemane an seiner Seite haben. Er wünschte nicht nur ihr Gebet, er wollte in diesen qualvollen

Minuten jemanden bei sich haben, den er ermutigen konnte und der ihn ermutigte.

Menschen können uns ferner in der Weise helfen, dass sie bereit sind, uns mit unserer Verpflichtung zu konfrontieren, und uns Rechenschaft abfordern. Wir können uns dazu durchringen, der Gruppe oder zumindest einem Einzelnen über unsere geistlichen Fortschritte zu berichten. Wüsste ich, dass mich jemand fragen wird: »Wie steht's nun mit diesem oder jenem Problem?«, dann wäre ich eher geneigt, der Versuchung zu entfliehen. Ein Mann schlug seinem Freund vor: »Wenn du in Versuchung bist, noch einen zu heben, dann ruf mich an, und wir beten dann zusammen am Telefon.«

Während meines Studiums traf ich mich jeden Donnerstagabend um 21.30 Uhr zu Bibelauslegung und Gebet mit einem engen Freund. Wir konnten offen zueinander sein und über unsere Fehlschläge und Erfolge berichten. Schon das Wissen um diese Verabredung war für mich ein Anreiz. Ich stellte fest, dass ich auf meine Handlungen achtgab, damit ich meinen Freund nicht enttäuschte. Natürlich: Wenn wir versagen, dann müssen wir es ehrlich gestehen. Unser Stolz möchte uns zwar veranlassen zu sagen, es sei alles in Ordnung, auch wenn dies nicht stimmt. Doch wenn wir uns entscheiden, anderen Rechenschaft abzulegen, dann hilft uns das, das zu tun, was wir tun sollten.

Die Praxis des Aufeinander-Achthabens kann auf vielerlei Weise angewandt werden. Vor Kurzem vereinbarte ich mit einem anderen Freund, jeden Tag die wesentliche Aussage eines Kapitels der Bibel zu lernen. Gelegentlich rufen wir uns an, um zu erfahren, wie wir vorankommen. »Was steht in Kapitel 12?«, fragt er dann, und ich muss es auf Anhieb wissen. Wenn ich in Versuchung bin, nachlässig zu werden mit diesem Plan, dann denke ich an diese Verpflichtung und auch daran, wie ich mir wohl vorkommen würde, wenn ich bei seiner Befragung passen müsste.

Ein Mann, der mit Homosexualität zu kämpfen hatte, erzählte mir, dass er nicht ins Stadtzentrum gehen wolle ohne die Begleitung eines anderen Christen. Der Mann hatte einfach kein Vertrauen zu sich selbst. Die Versuchung, in seine frühere Lebensweise zurückzufallen, war zu stark. Doch wenn ein anderer Christ ihn begleitete, fiel er dieser Verlockung nicht zum Opfer. Später, als er geistlich an Kraft zunahm, brauchte er eine solche Unterstützung nicht mehr.

Gott will uns also lehren, dass wir kein erfolgreiches Leben als Christ unabhängig von seinen Kindern leben können. Wenn wir schwanken, muss uns jemand aufrichten; wenn wir schwach sind, teilen andere ihre Kraft mit uns. Wir sollten keinen Augenblick denken, dass wir es allein mit Gott schaffen – wir brauchen auch sein erlöstes Volk.

Aufrichtung eines Gläubigen

Wie sollen wir uns verhalten, wenn wir sehen, dass ein Mitbruder oder eine Mitschwester sich in einer sündhaften Gewohnheit verfangen hat? Sollen wir die Angelegenheit mit Freunden besprechen, oder sollen wir gar nichts tun in der Hoffnung, dass er oder sie es eines Tages selbst herausfinden wird?

Die Bibel ist hinsichtlich unserer Verantwortung recht deutlich. Wenn ein anderer Christ auf einem Irrweg ist und nicht lediglich unsere persönlichen Gefühle verletzt hat, dann ist es unsere Pflicht, ihm zu helfen, damit er seine Beziehung zu Gott in Ordnung bringen kann. Jesus weist uns an: »Wenn aber dein Bruder gegen dich sündigt, so geh hin, überführe ihn zwischen dir und ihm allein. Wenn er auf dich hört, hast du deinen Bruder gewonnen. Wenn er aber nicht hört, so nimm noch einen oder zwei mit dir, damit durch den Mund von zwei oder drei Zeugen jede Sache bestätigt werde. Wenn er aber nicht auf sie hört, so sage es der Versammlung; wenn er aber auch auf die Versammlung nicht hört, sei er dir wie der Heide und der Zöllner« (Matthäus 18,15-17).

Unsere erste Verantwortung ist es, ihn zuerst unter vier Augen zu sprechen. Wir sollen nicht mit Freunden oder Angehörigen oder unserem Pastor darüber reden! An diesem Punkt besteht kein Anlass, die Sünde an die Öffentlichkeit zu tragen. Wenn der Bruder oder die Schwester einsichtig ist und Anleitung erhält, wie er mit dieser Sünde brechen kann, dann ist es nicht nötig, dass auch andere sich damit befassen.

In dieser Hinsicht sind wir alle schon Gott ungehorsam geworden. Einem anderen Gläubigen in Liebe entgegenzutreten, erfordert Mut, und so nehmen wir lieber feige unsere Zuflucht zum Geschwätz. Wir geben die Mitteilung an andere weiter in der Vorstellung, sie sollten helfen oder zumindest »beten«. Hinter solchen Ausreden liegen oft niederere Motive verborgen. Wir freuen uns wohl sogar über die Fehler anderer, denn das gibt uns ein Gefühl der Überlegenheit: »Ich würde so etwas niemals tun!«

Gemeinden wurden gespalten und Familienbeziehungen unheilbar zerrüttet, weil wir nicht den Mut hatten, zu einem in Sünde verstrickten Mitchristen zu gehen. Dinge, die unter vier Augen hätten behandelt werden können, wuchsen zu bitteren Auseinandersetzungen heran, wenn die Leute erst einmal zu einem Problem Stellung bezogen hatten. Das ist der Preis der Feigheit. Genauer ausgedrückt: Das ist die Frucht des Ungehorsams.

Paulus gab einige Anweisungen hinsichtlich unserer Haltung bei der Wiederaufrichtung eines Bruders. Ist die Sünde eines Menschen allgemein bekannt, dann sollte die Gemeinde qualifizierte Männer wählen, die dem Gläubigen in Liebe entgegentreten. »Brüder, wenn auch ein Mensch von einem Fehltritt übereilt würde, so bringt ihr, die Geistlichen, einen solchen wieder zurecht im Geist der Sanftmut, wobei du auf dich selbst siehst, dass nicht auch du versucht wirst« (Galater 6,1). Wie schon erwähnt, führt die Sünde im Leben eines anderen gern zur Selbstgerechtigkeit bei uns selbst. Wir fühlen uns gern überlegen und bilden uns ein, wir seien gegenüber einer solchen Versuchung immun. Diese Haltung erstickt jeden Versuch, einen Gläubigen wieder zurechtzubringen. Paulus warnt uns davor, nicht als Superchristen aufzutreten. Wir müssen bescheiden sein und uns immer vor Augen halten, dass wir derselben Versuchung erliegen können.

Der anfängliche Kontakt ist selbstverständlich nicht das Ende der Sache. Wir müssen bereit sein, den Strauchelnden liebevoll zu begegnen, sie zu beraten und mit ihnen zu beten. Gott will, dass jeder von uns im Leben eines anderen Gläubigen wirkt. Das soll nicht heißen, dass dieses Wirken einseitig sein muss. Wir werden schnell feststellen, dass wir anderen nicht helfen können, wenn wir selbst uns nicht auch von anderen stärken lassen. Wir alle sind voneinander abhängig. Alles andere nährt nur eine Art von Individualismus, der innerhalb der Gemeinde Sünde ist.

Brauchen Sie Hilfe im geistlichen Bereich? Dann schließen Sie sich mit anderen Gläubigen, die ebenfalls nicht perfekt sind, zu einem System der gegenseitigen Unterstützung zusammen. Gott wird aller Wahrscheinlichkeit nach nicht zulassen, dass Sie Ihre hartnäckigen Gewohnheiten im Alleingang überwinden.

Fragen zur Vertiefung

1. Lesen Sie 1. Korinther 12. Welche Verantwortung besitzt ein Glied des Leibes Christi gegenüber einem anderen Glied? Nennen Sie konkrete Beispiele. Was meinen Sie, warum Gläubige sich nicht so helfen, wie sie es eigentlich tun sollten?

2. Haben Sie zurzeit jemanden, mit dem Sie sich regelmäßig treffen, um sich über Ihr geistliches Wachstum auszutauschen? Was würden Sie von einer solchen verbindlichen Beziehung halten? Wenn Sie es noch nicht getan haben sollten, versuchen Sie, sich einer kleinen Gruppe von Gläubigen anzuschließen, die miteinander beten und sich gegenseitig geistlich beistehen. Lernen Sie, Ihre Anliegen und Kämpfe mit ihnen zu teilen. Überlegen Sie, wie Sie in der Gruppe sich untereinander besser im geistlichen Wachstum helfen könnten. Schreiben Sie Ihre Überlegungen auf.

3. Inwiefern haben Gemeinden oft den Eindruck vermittelt, sie seien nicht daran interessiert, Menschen mit besonderen Anliegen zu helfen? Was kann man tun, um diesen Eindruck – oder diese Tatsache – zu ändern?

4. Wie oft erlauben Sie Christus, in Ihren Kampf gegen die Versuchungen einzugreifen? Die Bibel sagt uns, dass wir aufgrund unserer Stellung in Christus Zugang zum Vater haben (Johannes 16,23-27). Nutzen Sie daher nun die Gelegenheit, Jesus für das zu danken, was er am Kreuz getan hat, und bitten Sie ihn, Ihnen in Ihren Kämpfen zu helfen.

Widerstehen Sie der Aktivität Satans

Der Teufel hat bereits bis ins Einzelne ausgearbeitete Pläne geschmiedet, um uns zu Fall zu bringen. Hinter den Lügen, die wir so gern glauben wollen, steht der Lügner. Er will unsere Tendenz, das Böse tun zu wollen, so sehr verstärken, dass wir nicht länger zu einer Gewohnheit »Nein« sagen können, wie zerstörerisch sie auch sein mag. Ob es nun die Spielsucht, Alkoholismus oder eine sexuelle Gebundenheit in irgendeiner Form ist: Unser Feind will die Stricke, mit denen wir gebunden sind, noch fester zurren.

Eine vor Kurzem durchgeführte Umfrage hat ergeben, dass die US-Amerikaner süchtig nach Medien sind: Internet, Fernsehen, Kinofilme, Videospiele, Handys und andere Geräte, deren Gebrauch schnell zu einem zwanghaften Verhalten führen kann. Mehr Menschen als wir denken entwickeln einen unersättlichen Appetit auf diese Vergnügungs-Möglichkeiten – einen Appetit, den sie nie stillen und auch nicht ändern können. Die Medienindustrie ist Satans Spielplatz. Er gebraucht sie, um uns von dem abzulenken, was wirklich wichtig ist, indem er versucht, uns in Roboter zu verwandeln, die ihrem Appetit gehorchen, wie zerstörerisch er auch sein mag.

Wir müssen glauben, dass satanische Kräfte an unseren geistlichen Kämpfen Anteil haben. Manche Christen lehren, dass wir nur dann, wenn wir ein absonderliches Verhalten an den Tag legen oder mit Okkultem herumpfuschen, mit satanischen Kräften in Berührung kommen können. Ich glaube jedoch, dass satanische Kräfte bei jeder Sünde, die in der Routine des täglichen Lebens aufkeimt, eine Rolle spielen. Satan zieht nur einfach die Untergrundtätigkeit vor.

Nehmen wir einmal das Lügen als Beispiel. Die meisten Christen, die gelegentlich eine Lüge in den Mund nehmen, würden niemals vermuten, dass Satan irgendetwas damit zu tun habe. Sie geben vielleicht eine »Notlüge« von sich, um sich aus komplizierten und unangenehmen Umständen herauszuwinden oder ihr Ansehen zu schützen. Ein solches Verhalten hat doch sicher nichts mit Satan zu tun!

Sehen wir uns aber einmal den Fall von Ananias und Sapphira an (Apostelgeschichte 5). Sie logen hinsichtlich des Geldbetrags, den sie aus dem Verkauf eines Stückes Land erhalten hatten. Angenommen, sie hätten ihr Land für 10 000 Euro verkauft, doch auf die Frage, wie viel sie dafür bekommen hätten, antworteten sie: »sechstausend Euro«. In gewissem Sinne sprachen sie die Wahrheit, denn sie hatten es wirklich für 6000 Euro verkauft, nur vergaßen sie zu erwähnen, dass es 6000 Euro plus 4000 Euro waren! Das also ist eine »Notlüge«, jedenfalls wird es von manchen Menschen so bezeichnet.

Wer würde schon annehmen, dass Satan diesen Betrug angeregt hatte? Doch Petrus sprach: »Ananias, warum hat der Satan dein Herz erfüllt, dass du den Heiligen Geist belogen und von dem Erlös des Feldes beiseitegeschafft hast?« (Apostelgeschichte 5,3). Später, als Ananias' Frau Sapphira hereinkam, konfrontierte Petrus auch sie und fragte: »Was ist es, dass du dir diese Tat in deinem Herzen vorgenommen hast? Nicht Menschen hast du belogen, sondern Gott« (V. 9). Als Ananias und Sapphira darüber diskutierten und übereinkamen, eine Lüge zu erzählen, hatten sie nie damit gerechnet, dass in Wirklichkeit der Teufel eine Lüge in ihren Verstand eingeschleust hat; sie dachten, es wäre ihre eigene Idee gewesen.

Hat Satan auch mit dem Zerbrechen von Ehen etwas zu schaffen? Paulus mahnt die Eheleute, sie sollten auf die sexuellen Bedürfnisse des anderen eingehen, »damit der Satan euch nicht versuche wegen eurer Unenthaltsamkeit« (1. Korinther

7,5b). Auch hier treffen wir wieder auf Satan, der alles daransetzt, eine Ehe zu zerstören.

Nehmen wir an, Ihre Sünde sei die Feigheit. Anscheinend können Sie den Mund nicht aufbekommen, um von Christus zu sprechen. Sie fühlen sich schüchtern oder sind verlegen, wenn Sie auf Ihr Verhältnis zu ihm angesprochen werden. Können diese Gedanken vom Teufel angestachelt sein? Als Petrus Jesus verleugnete, hatte unser Herr vorher gesagt, dass Satan danach verlangt habe, Petrus wie den Weizen zu sichten (Lukas 22,31). Ja, Satan war an Petrus' Verleugnung Christi aktiv beteiligt. Der Böse hinderte auch Paulus daran, die Gemeinde von Thessalonich zu besuchen (1. Thessalonicher 2,18); auf ihn gehen falsche Lehren zurück, und die Betrogenen werden in seinen Banden gehalten, um seinen Willen zu tun (2. Timotheus 2,26). Satan verdunkelt die Anliegen des Evangeliums und blendet den Geist der Unerlösten, »damit ihnen nicht ausstrahle der Lichtglanz des Evangeliums der Herrlichkeit des Christus, der das Bild Gottes ist« (2. Korinther 4,4). Satan bringt auch Menschen dazu, das Wort Gottes zu vergessen, indem er Informationen aus ihrem Geist tilgt, damit sie nicht gerettet werden (Lukas 8,12).

Vielleicht meinen Sie, nie einem Menschen begegnet zu sein, der irgendwelche Kontakte mit dämonischen Mächten hatte. Doch Sie sind sich selbst begegnet, und ich nehme an, das reicht! Niemand kann der Berührung mit »dem Fürsten der Gewalt der Luft« (Epheser 2,2) entgehen, dem einen, der seine Heerscharen böser Geister zur Bekämpfung des Volkes Gottes ins Feld führt.

Die Zielscheibe Satans

Seit Jahrhunderten befassen sich Philosophen und Wissenschaftler mit dem Problem des menschlichen Geistes. Verwirrend sind die Fragen: Was sind Gedanken? Welche Beziehung besteht zwischen Geist und Materie? Doch eines scheint klar: Gedanken nehmen nicht einen Raum ein, wie wir ihn kennen, sondern existieren in einem besonderen Reich. Es wäre beispielsweise absurd, einem Gedanken eine Länge von einem Meter oder einen bestimmten Rauminhalt zuzumessen. Gedanken existieren in einem geistlichen Reich des Geistes. Daher können wir mit Sicherheit sagen, dass unser Geist auch für geistliche Einflüsse von außen empfänglich ist.

Der geistliche Teil unserer Persönlichkeit existiert in einem Bereich, dessen Zutritt Geistesmächten – ob gut oder böse – keineswegs verwehrt ist. Wir haben bereits gesehen, dass der Teufel es war, der Ananias und Sapphira den Gedanken einflößte, in Bezug auf den Verkaufspreis für ihr Land zu lügen. Was meinen Sie, woher Judas die Idee empfing, Jesus zu verraten? Johannes schreibt, der Teufel habe ihm diesen Gedanken ins Herz gegeben (Johannes 13,2). Der Geist – Ihr Geist – ist die Zielscheibe satanischer Angriffe.

Satan liebt es, sich unsere Schwachstellen zunutze zu machen. Er erfreut sich daran, unsere Leidenschaften zu entflammen, unsere Gier zu wecken, unseren Zorn zu nähren, unser Ich aufzublähen und Hass und Vorurteile zu schüren. Dies und noch viel mehr geschieht durch den brüllenden Löwen, der über die Erde schleicht »und sucht, wen er verschlinge« (1. Petrus 5,8). Wir können uns sicher sein, dass er auch bei der speziellen Sünde, mit der wir uns herumschlagen, die Finger im Spiel hat.

Entbindet seine Aktivität uns nun von unserer Verantwortung gegenüber der Sünde? Nicht im Geringsten. Petrus sprach Ananias und Sapphira keineswegs von der Schuld frei, weil sie vom Satan aufgestachelt waren. Und Judas wurde dafür verantwortlich gemacht, dass er Jesus verraten hatte. Wenn wir satanische Aktivität in unserem Leben zulassen, dann wird Gott uns zur Verantwortung ziehen, denn wir haben die Kraft, uns zu entscheiden, ob wir Satans Einflüsterungen folgen wollen oder nicht. Gewiss, Satan mag uns einflüstern, dass wir lügen sollen, doch es ist unsere Entscheidung, ob wir danach handeln. Er kann uns jede nur denkbare Sünde eingeben, doch die Entscheidung, sie zu tun, liegt bei Ihnen und mir. Er kann nicht unabhängig von unserer Mitarbeit tätig werden.

Wie man mit dem Teufel umgeht

Manche Christen argumentieren: »Wenn ich Satan in Ruhe lasse, dann lässt er mich auch in Ruhe. Ich will nichts mit ihm zu tun haben.« Ohne es zu merken, haben diese Christen damit das Schlachtfeld schon dem Feind überlassen. Satan hat sie bereits da, wo er sie haben will: sicher verwahrt in einem Regal mit dem Etikett »zu ängstlich zum Kämpfen«. Solchen Menschen sage ich: »Sie wollen nichts mit ihm zu tun haben? Mein Freund, Sie haben bereits mit ihm zu tun – Sie haben bereits mit dem Feind den Frieden geschlossen, weil Sie sich weigern, gegen ihn anzutreten.«

Die erfolgreichste Waffe des Satans ist die Furcht. Er bringt Sie zu der Meinung, wenn Sie seine Existenz ernst nähmen, werde er Ihr Familienleben verwüsten oder Ihnen Ihren Seelenfrieden rauben. Glauben Sie das ja nicht! Satan ist ein Lügner und der Vater der Lüge (Johannes 8,44). Er macht Ihnen etwas vor und macht mit Ihnen, was er will, und zwar so weit, wie es Ihre Unwissenheit zulässt. Doch als Christ haben Sie die Vollmacht, Satans Griff nach Ihrem Leben abzuwehren.

Zuallererst müssen Sie eine Bestandsaufnahme vornehmen und Ihre Rüstung überprüfen. Wenn auch nur ein Stück fehlt, sind Sie verwundbar. Eine unbedeckte Fläche, und ein Pfeil wird Sie genau dort treffen! Satan ist ein hervorragender Schütze. Seine Pfeile verfehlen ihr Ziel nicht; Sie können sich nicht auf eine schludrige Verteidigung verlassen, um mit heiler Haut davonzukommen. Dies ist ein Krieg, in dem man sich nicht auf sein Glück verlassen darf.

Wir können hier nicht alle Teile der geistlichen Waffenrüstung durchsprechen, wie sie in Epheser 6,12-18 aufgezählt sind. Ich möchte hier nur einen Teil hervorheben: den Brustpanzer der Gerechtigkeit. Satan braucht immer einen Grund, uns in Unruhe zu versetzen, eine Sünde, die ihm ein Recht auf unser Leben einräumt. Wenn diese Sünde erst einmal bekannt und vergeben ist, dann zerbricht seine Plattform. Er wird seine Angriffe fortsetzen, doch Sie brauchen seinen Verlockungen nicht zum Opfer zu fallen.

Ich habe Menschen beraten, die sich unbehaglich fühlen, wenn jemand auch nur das Blut Christi erwähnt. Meistens schauen sie mir nicht einmal in die Augen, sondern versuchen, meinem Blick auszuweichen. Der Grund liegt im Allgemeinen darin, dass sie in das Gebiet Satans geraten sind, weil sie sich weigerten, sich gründlich mit den Sünden ihrer Vergangenheit auseinanderzusetzen. Gerechtigkeit schützt uns vor dämonischen Angriffen. Die Pfeile Satans werden abgelenkt, wenn sie gegen ein reines Gewissen gerichtet sind. Wenn Sie von satanischen Angriffen gepeinigt werden, sollten Sie sich fragen: Wo habe ich eine Basis für satanische Angriffe geschaffen? Welche Sünde habe ich bisher toleriert? Wo widerstrebe ich Gott? Ihre persönliche Gerechtigkeit aus Glauben ist dann von wesentlicher Bedeutung, wenn Sie sich gegen Angriffe Satans abschirmen wollen. Aber das gilt auch für die anderen Teile der Waffenrüstung, die im Epheserbrief genannt werden. Sie werden am Ende dieses Kapitels für Ihr Eigenstudium aufgeführt.

Zweitens müssen Sie erkennen, dass Satan keine Rechte besitzt, dies aber nicht zugibt. Jesu Tod und Himmelfahrt haben Satan endgültig den Boden entzogen. Vor seinem Tod sagte Jesus voraus: »Jetzt ist das Gericht dieser Welt; jetzt wird der Fürst dieser Welt hinausgeworfen werden« (Johannes 12,31). Jesu Tod und Himmelfahrt erstritten einen legalen Sieg über alle satanischen Mächte – Jesus Christus betrat das Hoheitsgebiet Satans und gewann den entscheidenden Sieg auf des Teufels eigenem

Platz. Paulus schrieb über Christus: »Als er die Fürstentümer und Gewalten ausgezogen hatte, stellte er sie öffentlich zur Schau, indem er durch dasselbe über sie einen Triumph hielt« (Kolosser 2,15). Daher konnte Jakobus schreiben: »Unterwerft euch nun Gott. Widersteht aber dem Teufel, und er wird von euch fliehen« (Jakobus 4,7). Satan hat noch die Erlaubnis, sich durch die Lüfte zu bewegen und Unheil anzurichten. Doch man kann ihm nun erfolgreich widerstehen. Paulus schreibt: »Zürnt, und sündigt nicht. Die Sonne gehe nicht unter über eurem Zorn, und gebt nicht Raum dem Teufel« (Epheser 4,26-27).

Satan benimmt sich wie ein abgesetzter König, der seinen Untertanen noch weiter Befehle gibt; er ist wie ein Dieb, der praktisch alles, was Sie besitzen, zusammengestohlen hat und Ihnen nun einzureden versucht, es habe schon immer ihm gehört. Er ist wie ein Feldherr, der keine Befehlsgewalt mehr hat, aber weiter Söldner anwirbt, um eine Schlacht zu schlagen, die er schon längst verloren hat. Sie *können* zu Satan »Nein« sagen!

Bedenken Sie schließlich, dass alle Gläubigen eine gesetzliche Autorität über dämonische Kräfte haben. Zwischen Epheser 1 und 2 besteht eine Verbindung, die häufig übersehen wird. Gegen Ende des ersten Kapitels lesen wir von Gottes großer Macht, die in Christus zum Ausdruck kommt:

»... nach der Wirksamkeit der Macht seiner Stärke, in der er gewirkt hat in dem Christus, indem er ihn aus den Toten auferweckte; (und er setzte ihn zu seiner Rechten in den himmlischen Örtern, über jedes Fürstentum und jede Gewalt und Kraft und Herrschaft und jeden Namen, der genannt wird, nicht allein in diesem Zeitalter, sondern auch in dem zukünftigen, und hat alles seinen Füßen unterworfen und ihn als Haupt über alles der Versammlung gegeben, die sein Leib ist, die Fülle dessen, der alles in allem erfüllt;)« (Epheser 1,19b-23).

Ich hoffe, dass Sie diese Verse sorgfältig genug gelesen haben, um zu erkennen, dass (1) durch seine Himmelfahrt Christus über »jede Gewalt und Kraft und Herrschaft und jeden Namen, der genannt wird« (V. 21) gesetzt ist, und (2) »alles seinen Füßen unterworfen« ist (V. 22) – das heißt, dass im Universum keine Macht existieren, geschweige denn wirken kann, es sei denn, Christus lässt dies zu.

Und das ist nun die gute Botschaft, die alles zusammenfasst: In Epheser 2,6 sagt Paulus, dass wir nun »mitsitzen [...] in den himmlischen Örtern in Christus Jesus«. Das bedeutet nichts anderes, als dass Satan mit all seinen bösen Geistern in diesem Augenblick unter unsere Füße getan ist!

Wir fühlen uns oft schwach und hilflos, doch dies mindert nicht unsere Position der Vollmacht. Ein Polizist fühlt sich vielleicht durchaus nicht stark, unter Umständen sogar krank oder völlig erschöpft. Physisch wäre er nicht in der Lage, auch nur den kleinsten Wagen aufzuhalten. Doch wenn er seine Hand hebt, kommt der gesamte Verkehr zum Stillstand. Warum? Weil der Staat ihm Autorität über den Verkehr gegeben hat.

Ich habe erlebt, dass Menschen mir erzählen: »Ich höre Stimmen, die mir zureden, Selbstmord zu begehen. Ich habe Angst davor, dass ich das irgendwann wirklich tue.« Sie und ich brauchen auf solche Stimmen nicht zu hören! Satan gefällt es, wenn Menschen glauben, er könne sie programmieren und sie müssten seinen Befehlen folgen. Christi Tod und Himmelfahrt haben mit solchen Lügen ein für alle Mal aufgeräumt. Die Botschaft des Neuen Testaments ist klar: Christus hat einen vollständigen Sieg über Satan errungen, und die Gläubigen haben nun Anteil an diesem Triumph.

Dämonisches Wirken und Ihre sündhafte Gewohnheit

Wie treten Sie bösen Mächten entgegen? Folgen Sie dem Beispiel Jesu, der befahl: »Geh hinweg, Satan! Denn es steht geschrieben ...« (Matthäus 4,10). Verwenden Sie diese Formel – sogar laut, wenn Sie allein sind – und befehlen Sie Satan, zu verschwinden, gestützt auf die Verheißungen der Schrift, die Sie für sich in Anspruch nehmen. In einem früheren Kapitel sprachen wir von der Notwendigkeit, Verse der Schrift auswendig zu lernen, die sich direkt auf Versuchungen beziehen. Natürlich bringt die Nennung eines Bibelverses eine dämonische Macht nicht zum Zurückweichen. In der Versuchung Christi entgegnete Satan ebenfalls mit einer Schriftstelle. Die Macht des Wortes Gottes tritt in Aktion, wenn Sie sich selbst unter seine Autorität beugen.

Obwohl die Jünger die Autorität übertragen bekommen haben, Dämonen auszutreiben, mussten sie feststellen, dass sie nicht immer in der Lage waren, dies zu tun (Lukas 9,1-6.37.43). Es gab Zeiten, in denen sie machtlos waren, weil sie die Sünde des Unglaubens in ihrem Leben hatten aufkeimen lassen (Matthäus 17,19-21). Darüber hinaus machten sie sich Sorgen um ihr eigenes Ansehen und ihre Stellung im Himmelreich. Jesus wies sie zurecht, weil sie sich darum stritten, wer wohl der Größte im Himmelreich sein werde (Lukas 9,46-48). Ihr Wirken war gelähmt, weil ihr Leben nicht mehr völlig der Autorität Gottes unterworfen war.

Gott gibt uns das Recht, uns mit dämonischen Mächten auseinanderzusetzen, solange wir unter Gottes Autorität bleiben. Mit einfachen Worten: Nur wer unter einer Autorität ist, kann Autorität ausüben. Satan und seine Dämonen müssen die Flucht ergreifen, wenn sie einem gehorsamen Kind des lebendigen Gottes gegenüberstehen, das kühn Gebrauch von biblischen Wahrheiten macht. Fürchten Sie sich also nicht davor, satanischen Mächten direkt entgegenzutreten, wenn Sie sich z. B. mit finsteren Gedanken herumschlagen, die nicht weichen wollen.

Ich möchte Sie darauf aufmerksam machen, dass Sie vielleicht viele Schlachten verlieren werden, doch am Ende gehört Ihnen der Sieg. Nach und nach werden Ihre Siege Ihre Niederlagen überwiegen. Sie werden entdecken, dass Sie wirklich Autorität haben, wie die Bibel es auch lehrt. Sie werden erfolgreich mit den Mächten der Finsternis ringen und erleben, dass sich das Wort der Schrift bewahrheitet: »Der, der in euch ist, [ist] größer […] als der, der in der Welt ist« (1. Johannes 4,4).

Doch wie wir noch sehen werden, werden Sie wahrscheinlich sogar trotz dieser Tatsache noch weitere Hilfe nötig haben, um Ihr Verhalten zu ändern.

Fragen zur Vertiefung

1. Wenn Satan den Wunsch hätte, Sie zu vernichten – und den hat er mit Sicherheit auch –, wie würde er das bewerkstelligen? Welche Sünde in Ihrem Leben bietet ihm die beste Angriffsfläche? Welche Schwäche macht Sie am stärksten verletzbar?

2. In Epheser 6,12-18 werden die sieben Teile der geistlichen Waffenrüstung aufgezählt. Wir führen sie hier an – zusammen mit einer kurzen Beschreibung der Bedeutung, die jedes dieser Teile für uns persönlich haben sollte.
    a) der Gürtel der Wahrheit (V. 14): eine Haltung vollständiger Ehrlichkeit.
    b) der Brustpanzer (oder Brustharnisch) der Gerechtigkeit (V. 14): Alle Sünde muss bekannt werden; wir müssen ständig auf Christus schauen, der unsere Gerechtigkeit ist (1. Korinther 1,30).
    c) als Fußbekleidung die Bereitschaft, das Evangelium des Friedens zu verkündigen (V. 15): Bereitschaft, das Evangelium zu verbreiten, wann und wo immer es möglich ist.

d) der Schild des Glaubens (V. 16): ein Leben im ausdrücklichen Vertrauen auf das Wort Gottes.
e) der Helm des Heils (V. 17): Zuversicht in die Hoffnung der Errettung und der Allgenugsamkeit des Kreuzes.
f) das Schwert des Geistes (V. 17): das Wissen um die speziellen Zusagen Gottes, die im Falle der Versuchung angewendet werden können.
g) ständiges Gebet (V. 18): eine von Gebet bestimmte Haltung der Dankbarkeit und des Vertrauens.

Welche Schritte wollen Sie unternehmen, um Ihre eigene Waffenrüstung zu vervollständigen?

3. Außer dem Gebrauch der hier genannten Stellen der Schrift müssen wir lernen, gegen dämonisches Wirken in unseren Familien, in der Gemeinde und in einzelnen Menschen zu beten. Am besten gelingt uns dies, wenn wir täglich die geistliche Waffenrüstung anlegen und die Aktivität Satans durch den Gebrauch der Heiligen Schrift abwehren.

Nachstehend ein Beispiel für ein Gebet:

Vater, wir danken dir, dass Jesus Christus sich über alle Herrschaften und Mächte weit erhoben hat. Wir freuen uns darüber, weil wir mit ihm vereint sind und an seinem Sieg teilhaben. Wir danken dir, dass Satan und seine Heerscharen besiegt wurden und unserem Erlöser untertan sein müssen. Wir bitten dich nun im Namen Jesu, dass dem Satan im Leben von _____ Einhalt geboten wird. Wir führen die machtvolle Wahrheit vom Sieg unseres Herrn gegen alle Werke des Satans bei _____ ins Feld. Wir wünschen uns, diesen Tag in Gemeinschaft mit dem Vater, dem Sohn und dem Heiligen Geist zu sein. Im Namen unseres Herrn Jesus Christus bitten wir dich. Amen.

Von Neuem gefangen

Sie haben nun hoffentlich einige Fortschritte beim Aufspüren der Sünde erzielt, die nicht weichen will. Vielleicht haben Sie einen Tag oder sogar eine ganze Woche geschafft, ohne in dieselbe Gewohnheit zurückzufallen. Sie sind wohl recht zufrieden, dass Sie endlich Licht am Ende des Tunnels erblicken. Sie fühlen sich besser und sind durchaus optimistisch, richtig?

Falsch! Seien Sie an dieser Stelle vorsichtig, denn gerade auf dieser Stufe des Prozesses straucheln die meisten Menschen. Wir meinen, unsere Vergangenheit wäre Geschichte, und so haben wir angefangen, weniger wachsam zu sein. Doch dies ist genau die Einladung, auf die Satan gewartet hat, um sich wieder in unserem Leben breitmachen zu können.

Sollten wir daraus nun schließen, wir wären getäuscht worden? Ist es vielleicht doch so, dass ein Sieg nicht möglich ist? Weit gefehlt! Wir sollten uns klar vor Augen halten, dass unser Sieg wirklich Realität ist. Doch es ist nicht genug, wieder aufzustehen, nur um auf demselben rutschigen Abhang erneut zurückzufallen.

Was ist der Grund, warum wir diesen Kreislauf nicht durchbrechen können, um ein gutes Leben zu führen? Möglicherweise sind verschiedene Dinge die Ursache. Jerry G. Dunn, ein ehemaliger Alkoholiker, entdeckte bei Alkoholikern Zusammenhänge, die er in seinem Buch *God Is for the Alcoholic* beschreibt. Beim Studium seines Buches kam ich zu dem Schluss, dass sich bei uns allen in irgendeiner Form Ähnliches abspielt. Dunn war aufgefallen, dass Alkoholiker mit dem Trinken aufhören, eine Zeit lang abstinent bleiben, aber häufig wieder rückfällig werden. Er stellte einen Kreislauf fest, der wochen-, monate- oder gar jahrelang andauern kann:

Zuerst wünscht sich der Alkoholiker, niemals mehr ein alkoholisches Getränk zu sich zu nehmen. Er »hat die Nase voll«. Nie wieder will er sich zum Narren machen – in einem fremden Zimmer aufwachen und nicht wissen, wie er dorthin gekommen ist. Allein die Erinnerung an die Demütigung der Vergangenheit hält ihn eine Zeit lang nüchtern.

Eine solche Empfindung ist für gewöhnlich der erste Schritt zur Befreiung von einer Sünde. Wir sind es beispielsweise leid, weiterhin an Gewicht zuzunehmen, die Beherrschung zu verlieren oder Ähnliches. Wir sind unseres ständigen Versagens überdrüssig und fangen an, nach einem Weg zu suchen, davon frei zu werden. Viele Christen kommen nicht einmal bis zu diesem Punkt! Sie sind ihrer Sünde noch nicht überdrüssig. Einige der besonders unangenehmen Gewohnheiten mögen verschwinden, aber nicht die eher verdeckten hartnäckigen Gewohnheiten. Manche sündhaften Gewohnheiten sind viel zu verlockend, als dass man sie völlig aufzugeben wünscht. Wir haben bereits hervorgehoben, dass Gott bei Ihnen den Wunsch nach Sieg aus anderen Gründen möchte als nur wegen der persönlichen Befriedigung. Doch im Allgemeinen beginnt unser Verlangen nach Freiheit mit einer gesunden Abscheu vor dem eigenen Versagen.

Als Zweites bemerkte Dunn, dass Alkoholiker anfangen, auf ihre Nüchternheit stolz zu sein. Man kann dann zu hören bekommen: »Wissen Sie, ich habe seit drei Wochen keinen Tropfen mehr angerührt.« Der Alkoholiker fühlt sich langsam besser – er bekommt vielleicht sogar seine Arbeit wieder und den Respekt seiner Kinder. Bald nimmt er eine gewisse Haltung der Überlegenheit ein, wenn er seine Freunde trinken sieht. Er denkt bei sich: »Gott sei Dank, ich würde mich nie mehr so töricht benehmen.« Doch es ist schwierig für ihn, die ständige Begegnung mit Alkohol zu vermeiden. Geselliges Trinken wird allgemein akzeptiert, und seine Freunde laden ihn ein, sich ihnen anzuschließen. Er ist stolz auf seine Abstinenz, und doch fürchtet er sich davor, in seine frühere Gewohnheit zurückzufallen. Dunn meint dazu: »Dieser Mann ist nun ein sogenannter ›trockener Alkoholiker‹. Er hat einen Punkt erreicht, an dem er dagegen ankämpfen muss, wieder einen Schluck zu sich zu nehmen. Er verabscheut Menschen, die trinken. Er kann den Geruch eines alkoholischen Getränks nicht aushalten. Er wird reizbar, und der Vorschlag, er solle doch auch ein Glas trinken, wird für ihn zur persönlichen Beleidigung.«

Doch wenn dieser Kampf einige Zeit angedauert hat, beginnt der Alkoholiker zu meinen, er habe das Problem gelöst, das zu seiner Sucht führte. Er fühlt sich körperlich und geistig besser. Er fängt vielleicht sogar an, eine Gemeinde zu besuchen, und so meint er, sein geistliches Leben sei in Ordnung. Er atmet erleichtert auf. Schließlich wird schon alles gut werden.

Das nächste Stadium beginnt, wenn er denkt, er habe die Situation endgültig gemeistert, sein Problem endlich unter Kontrolle. Die Gelegenheiten zum Trinken kommen häufiger als früher. Einer seiner alten Freunde meint: »Oh, du hast die Sache schon im Griff.« Bis jetzt hat er solche Angebote zurückgewiesen. Doch nun fühlt er sich als Herr einer ganzen neuen Welt. Sicherlich ist er in der Lage, mit einem einzigen Drink fertig zu werden. So sagt er ja – nur ein einziges Mal.

An diesem Punkt geht der Alkoholiker, wie Dunn meint, in eine von zwei Richtungen. Wenn er fähig ist, nach einem Drink innezuhalten, bestätigt er seine Vermutung, dass er mit dem Trinken fertig wird. Er verliert seine Angst vor dem Alkohol und hat keine Schwierigkeiten, noch ein weiteres Glas anzunehmen, wenn es ihm angeboten wird. Doch häufiger kommt es so, dass ein einziger Drink seine Leidenschaft von Neuem entflammen lässt. Dunn schreibt: »Ein einziges Glas Alkohol kann unter Umständen ausreichen, um ihn wieder so sehr in die Tiefen des Alkoholismus zu stürzen, als würde man ihn eine Klippe hinunterwerfen.«

Das Endergebnis ist in beiden Fällen dasselbe: Er würde wieder völlig von der Flasche beherrscht sein. Dunn erwähnt einen Arzt, der für diesen Kreislauf zehn Jahre gebraucht hat. Mit einem halben Glas Bier setzte er eine Sauferei in Gang, die seine Familie ruinierte und ihn seine Praxis kostete.

Ihr Problem ist vielleicht nicht der Alkoholismus, doch ich vermute, dass Ihr Kreislauf demselben Schema folgt. Zumindest habe ich bei anderen Sünden dieselben Stadien durchlaufen. Lassen Sie uns nun einmal ansehen, was wir aus unseren Fehlschlägen lernen können.

Was will Gott uns lehren?

Gott gebraucht unsere Fehlschläge, um uns eine Reihe von Lektionen zu erteilen. Im Augenblick unseres Versagens bekommen wir einen Schnellkurs in Theologie. Wir werden daran erinnert, dass Hochmut vor dem Fall kommt (Sprüche 16,18). John Bunyan hatte recht mit seiner Feststellung: »Wer unten ist, braucht den Fall nicht zu fürchten.«

Erinnern Sie sich an die Israeliten bei Ai? Sie hatten gerade Jericho erobert, eine mit riesigen und starken Mauern befestigte Stadt. Gott hatte gerade ein Wunder vollbracht: Die Mauern waren zusammengestürzt. Die nächste Stadt auf ihrem Plan war die kleinere Stadt Ai. Die Männer, die noch unter dem frischen Eindruck des Sieges von Jericho standen, entschieden, dass für die Eroberung dieser Stadt ein kleines Kontingent ausreiche. Doch Israel wurde besiegt. Das Selbstvertrauen des Volkes war unangebracht. In ihrem Siegestaumel hatten sie die Sünde in ihrem eigenen Lager übersehen. Ihr vergangener Sieg war keine Garantie für zukünftige Erfolge.

Wir müssen lernen, dass der gefährlichste Moment dann naht, wenn wir überzeugt sind, wir hätten die Situation endgültig gemeistert. Eine Serie von Siegen macht uns anfällig für den Fall. Keiner von uns sollte jemals sagen: »Diese eine Sünde habe ich unter Kontrolle. Ich werde sie nie wieder begehen.«

Gott verabscheut Selbstgerechtigkeit und eine Haltung, die

von Überlegenheitsgefühl bestimmt ist und zur Verurteilung anderer neigt. Es ist so leicht zu sagen: »Was *der* getan hat, würde ich nie tun.« Wer etwas Derartiges von sich gibt, hat keine Ahnung von dem, wozu er selbst fähig ist. Es gibt keine Sünde, zu der nicht jeder von uns fähig wäre. Wenn wir dem Bösen nicht im selben Maße nachgegeben haben wie andere, dann meist nur, weil wir nicht dieselbe Gelegenheit hatten, Böses zu tun, und vor allen Dingen, weil Gottes Gnade uns zurückgehalten hat.

Erinnern Sie sich an den Pharisäer, der zum Beten in den Tempel ging? Man kann sich im Allgemeinen gut an ihn erinnern, weil er vor Gott alle seine guten Werke aufzählte. Doch es wird oft übersehen, dass er seinen hohen moralischen Stand nicht sich selbst zuschrieb – zumindest sagte er das so: »O Gott, ich danke dir, dass ich nicht bin wie die Übrigen der Menschen ...« (Lukas 18,11). Doch obwohl er *Gott dafür dankte*, dass er nicht war wie die anderen, wandte Gott sich ihm nicht gnädig zu. Warum? Weil selbst gute Werke, die im Namen Gottes getan werden, niemals eine Grundlage dafür sind, dass Gott uns annimmt. Der demütige Zöllner wurde genau deshalb angenommen, weil er erkannte, dass die Grundlage unserer Annahme bei Gott einzig und allein die Gnade Gottes ist.

Selbst die oft wiederholte Versicherung (meist aus dem Mund selbstzufriedener, selbstbeherrschter Christen, die anscheinend nie solche Kämpfe durchmachen müssen wie der Rest von uns), »Nur durch die Gnade Gottes bin ich, was ich bin«, kann ein Ausdruck von Selbstgerechtigkeit sein. Wir meinen, wir würden uns von den anderen unterscheiden, seien besser als sie, weil Gott uns gnädig sei. Selbst eine so »veredelte« Selbstgerechtigkeit ist in den Augen Gottes verabscheuenswert. Er will, dass wir erkennen, dass im Wesen alle Menschen gleich sind. Wenn wir seiner besonderen Gnade teilhaftig wurden, dann nur, weil es ihm so wohlgefiel, aber gewiss nicht, weil wir besser sind als andere.

Unsere Fehler helfen uns, diese Lektionen zu lernen. Ich weiß nicht, welcher Art der »Dorn für das Fleisch« bei Paulus war, doch er stammte vom Teufel. Er spricht davon mit den Worten: »... ein Engel Satans, damit er mich mit Fäusten schlage, damit ich mich nicht überhebe« (2. Korinther 12,7b). Diese Schwachheit wurde jedoch von Gott ausdrücklich zugelassen, um Paulus vor Stolz und Selbstgerechtigkeit zu bewahren.

Gott versucht uns nicht zur Sünde, aber er gebraucht unsere Sünden, um uns an unsere Schwachheit zu erinnern. Wir sind weniger in Versuchung, über andere zu richten, und können ihre Fehlschläge besser verstehen, wenn wir mit der Bosheit in unserem eigenen Herzen besser vertraut sind. Wir lernen dann, die Sünden anderer mit Demut zur Kenntnis zu nehmen und mehr darauf zu achten, dass wir nicht selbst versucht werden (Galater 6,1). Wenn wir der Sünde in die Falle gehen, dann gebraucht Gott diese Erfahrung, um uns seine Gerechtigkeit und seinen Hass auf die Sünde zu lehren.

Gott möchte auch, dass wir das Wunder seiner Gnade schätzen lernen. »Wo aber die Sünde überströmend geworden ist, ist die Gnade noch überreichlicher geworden« (Römer 5,20). In meinem Stolz kann ich mich nur schwer damit abfinden, dass ich Gottes Gnade so andauernd, so verzweifelt nötig habe. Wir würden alle nur zu gerne sagen: »Ich habe diese Sünde seit zehn Jahren nicht begangen.« Doch unsere ständigen Probleme mit der Sünde drängen uns zum Kreuz hin. Immer wieder werden wir mit Golgatha konfrontiert. Wir müssen mit leeren Händen kommen, um die frei gespendete Gnade von ihm zu empfangen.

Petrus fasst dies alles mit folgenden Worten für uns zusammen: »Alle aber seid gegeneinander mit Demut fest umhüllt; denn ›Gott widersteht den Hochmütigen, den Demütigen aber gibt er Gnade.‹ So demütigt euch nun unter die mächtige Hand Gottes, damit er euch erhöhe zur rechten Zeit« (1. Petrus 5,5b-6).

Warntafeln vor dem Versagen

In dem Fluss vor den Niagarafällen gibt es einen Punkt, von dem an keine Rückkehr mehr möglich ist, einen Ort, an dem die Strömung so übermächtig wird, dass man nicht mehr gegen sie ankämpfen kann. Wenn man sich dort befindet, wird man unweigerlich in die Wasserfälle hineingezogen. Unvorsichtige werden durch Warntafeln auf diesen Punkt hingewiesen, doch es kommt auch vor, dass sie ignoriert oder einfach übersehen werden. Welche der beiden Möglichkeiten jeweils zutraf, können die Betroffenen hinterher meist nicht mehr berichten.

Auch wir haben unsere Warntafeln. Im Allgemeinen sind es kleine Lecks und keine großen Pannen, die uns aufhalten. Fehlschläge sind in der Tat relativ vorhersehbar. Wir wissen im Allgemeinen, ob wir gerade auf dem Weg zu dem Punkt sind, von dem aus keine Umkehr mehr möglich ist.

Wie sehen diese Warntafeln nun aus? Die erste ist ein Gefühl der Selbstzufriedenheit, ein Seufzer der Erleichterung, dass wir endlich alles im Griff haben. In diesem Augenblick sind wir verwundbar, weil wir auf uns selbst und unsere Erfahrungen in der Vergangenheit bauen und nicht auf den Herrn. Erinnern Sie sich an den Alkoholiker? Er meinte, er hätte das Trinken unter Kontrolle. Er musste daran erinnert werden, dass er den Alkohol nie unter Kontrolle haben wird. Bei den Treffen der »Anonymen Alkoholiker« werden die Teilnehmer angehalten zu sagen: »Ich bin Alkoholiker!« Und daran müssen sie sich erinnern, selbst wenn sie schon zehn Jahre trocken sind.

Mein Freund, wir sind Sünder. Und wir werden Sünder bleiben bis zu unserer Todesstunde. Hüten wir uns davor, zu glauben, wir hätten eine Sünde endgültig im Griff! »Wer zu stehen meint, sehe zu, dass er nicht falle« (1. Korinther 10,12).

Ferner besteht die Gefahr, heimliche Vorsorge für eine Niederlage zu treffen. Dave versuchte verzweifelt, seinen Hang zur Pornografie zu überwinden, doch in seinem Zimmer bewahrte er einige obszöne DVDs auf, nur für den Fall, dass er in Versuchung geriet! Oder denken Sie an jemanden, der das Rauchen aufgeben will, aber in der Schublade eine Schachtel Zigaretten aufhebt, falls er sie brauchen sollte.

Unser Geist ist wie ein großes Haus mit vielen Zimmern. Wir sind vielleicht bereit, die Küche, das Wohnzimmer und selbst einige Schlafzimmer in Ordnung zu halten, aber wie steht es mit der Rumpelkammer? Gibt es einen Teil unseres Lebens, den wir nicht dem prüfenden Licht des Heiligen Geistes ausliefern wollen? Doch Christus will der Herr unseres gesamten Lebens sein. Alles, was verborgen ist, will er ans Licht bringen. Es gibt nur einen Weg, Gottes Anforderungen nachzukommen, und das ist der Verzicht auf jeglichen Winkel unseres Lebens, in den wir vor unseren geistlichen Verpflichtungen fliehen könnten.

Gott will uns einer radikalen Operation unterziehen, damit wir unsere sündhaften Gewohnheiten loswerden. Wir müssen alle Brücken hinter uns abbrechen. Das ist die Lehre Jesu in der Bergpredigt. Unmittelbar nach seiner Ausführung über die Sünde der Begierde macht Jesus eine erschreckende Bemerkung: »Wenn aber dein rechtes Auge dir Anstoß gibt, so reiß es aus und wirf es von dir; denn es ist besser für dich, dass eins deiner Glieder umkomme, als dass dein ganzer Leib in die Hölle geworfen werde. Und wenn deine rechte Hand dir Anstoß gibt, so hau sie ab und wirf sie von dir; denn es ist besser für dich, dass eins deiner Glieder umkomme, als dass dein ganzer Leib in die Hölle komme« (Matthäus 5,29-30).

Ist ein Auge oder eine Hand erst einmal weg, dann gibt es keine Möglichkeit, diesen Körperteil wiederzubekommen. Die Trennung ist endgültig; es gibt keinen versteckten Plan zur Wiederherstellung. Paulus schreibt: »Zieht den Herrn Jesus Christus an, und treibt nicht Vorsorge für das Fleisch zur Befriedigung seiner Begierden« (Römer 13,14).

Es gibt auch die Warntafel für geistliches Abdriften. Wenn wir anfangen, Gott und sein Wort an den Rand unseres Lebens abzudrängen, dann geschieht dieses Abdriften sachte und unbeabsichtigt – nämlich dann, wenn wir uns stärker dem Druck unserer Pflichten in Bezug auf unsere Arbeit, unseren Ehepartner, unsere Kinder, unsere Hobbys, die Gemeinde, unsere Freunde ausgesetzt fühlen – sogar das Fernsehen, das Internet, das neueste Handy können uns dann zum Verhängnis werden ...

Ich bin schon einmal auf einem Boot gewesen, das das Ufer so leise verließ, dass ich es kaum merkte. So geschieht es meistens, wenn wir wieder zurückgleiten: ganz langsam und ohne großes Tamtam. Erst ein tragisches Versagen öffnet uns den Blick dafür, wie weit wir uns schon vom Ufer entfernt haben. Gott will uns entweder kalt oder warm, aber nicht lau (Offenbarung 3,16). Der Grund ist einfach: Wer kalt ist, der sucht das Feuer, doch ein lauer Mensch fühlt sich im Allgemeinen behaglich und sieht keine Notwendigkeit für eine Veränderung. Er ist so selbstzufrieden, dass er nicht einmal merkt, wie übel er dran ist! Die Menschen in Laodizea waren lau, doch sie hielten sich für warm. Sie waren von der ersten Liebe fortgetrieben und hatten das nicht einmal wahrgenommen. Die Gärtner unter uns wissen: Das Unkraut wird alles überwuchern, wenn wir aufhören, die richtigen Pflanzen zu züchten und das Unkraut samt seiner Wurzel auszureißen.

Schließlich ist da noch das Warnschild vor dem Kompromiss. Es kommt dann zur Geltung, wenn wir persönliche Sünde eine gewisse Zeit lang tolerieren. Ich habe einmal zugesehen, wie ein Mann eine Betonmauer mit einem riesigen Hammer einschlug. Beim ersten Schlag stand die Mauer so fest wie zuvor. Selbst nach zwanzig Schlägen schien sie unbeweglich. Doch er machte weiter. Nach einer Weile wurde die Mauer schwächer, stand aber immer noch sicher und aufrecht. Doch sie wurde schwächer! Ein Stückchen brach heraus, dann ein anderes, und nach und nach fiel sie in sich zusammen.

So wirkt auch die Sünde. Es stimmt, dass wir Sünde tolerieren können, ohne dass sie uns zerstört – aber das bleibt nicht lange so. Ein Kompromiss ist durchaus für eine Zeit lang möglich, ohne dass sich verheerende Auswirkungen zeigen, doch nach einiger Zeit schwächt er unsere Widerstandsfähigkeit.

Von wie vielen christlichen Leitern haben wir schon gehört, die erst vor Kurzem in die Sünde des Ehebruchs verwickelt wurden. Wahrscheinlich begann es unschuldig genug – eine Freundschaft, dann ein paar Fantasien, einige lustvolle Gedanken. Doch solche Eskapaden der Gedanken schwächen den Widerstand eines Menschen. Wie die Betonmauer bleiben Menschen – sogar Pastoren und Gemeindeleiter – noch eine Zeit lang aufrecht stehen – in der Überzeugung, alles sei in Ordnung. Doch schließlich erfolgt der Zusammenbruch.

Achten Sie auf diese Warntafeln. Sie sind Warnungen für Sie und Ihren Weg. Gehen Sie wieder auf Kurs und halten Sie den Blick auf Jesus gerichtet, den Anfänger und Vollender des Glaubens (Hebräer 12,2).

Wann erheben Sie sich wieder?

Sie sind in die alte Falle geraten, marschieren im alten Trott. Wie lang bleiben Sie darin? Der Satan würde wohl sagen: »Für immer! Schließlich, was soll's – da Sie ja nicht sicher wissen, ob Sie es das nächste Mal erfolgreich schaffen, warum machen Sie sich darüber überhaupt Gedanken?«

Sie könnten versucht sein zuzustimmen. Der menschlichen Natur widerstrebt der Gedanke, dass wir ohne einen Orden »für besondere Verdienste« am Frack zu Gott zurückkommen müssen. Wir fühlen Unbehagen, dass wir eine Gnade annehmen sollen, die wir nicht verdienen. Wir zögern, sofort ohne Probezeit zurückzukommen. Vielleicht haben wir sogar den Wunsch, uns selbst zu bestrafen, indem wir uns eine gewisse Zeit von Gott und seinem Volk fernhalten. So verschieben wir unsere Verabredung mit dem Allmächtigen, bis wir bewiesen haben, dass es uns ernst ist und dass wir niemals wieder fallen werden. Und außerdem argumentieren wir, dass die Schuld für uns ganz heilsam ist: Sie lehrt uns, diese Sache niemals wieder zu tun.

Gottes Gedanken gehen in eine andere Richtung. Die Vorstellung, wir müssten uns erst bessern, ehe wir zu ihm kommen, verrät unser falsches Verständnis vom Kreuz. Wir sollen ausschließlich durch das Verdienst des Blutes Jesu kommen und nicht durch das Verdienst eines annehmbaren Führungszeugnisses. *Schuld bedeutet nicht, dass Gott uns von sich wegschiebt; es bedeutet, dass Gott versucht, seine Arme um uns zu legen.*

Ist Schuld wirklich gut für uns? Gewiss, sie lehrt uns, wie unangenehm die Nachwirkungen der Sünde sein können, doch es bestehen berechtigte Zweifel, ob Schuld ein brauchbarer Beweggrund für uns ist, unser Verhalten zu ändern. Auf jeden Fall lesen wir nirgendwo in der Bibel, dass Gott die Schuld als Mittel zur Erziehung seiner Kinder gebraucht. Es gibt die natürlichen Folgen der Sünde, die uns lehren, wie verwerflich Sünde sein kann. Doch Gott gebraucht die Schuld niemals als Mittel, um uns zu erziehen – das stünde im Gegensatz zum Kreuz. Gottes Methode, um uns zu einem rechtschaffenen Leben zu motivieren, ist seine Liebe und seine Gnade. Hören Sie auf die Worte von Paulus: »Ich ermahne euch nun, Brüder, durch die Erbarmungen Gottes, eure Leiber darzustellen als ein lebendiges, heiliges, Gott wohlgefälliges Schlachtopfer, was euer vernünftiger Dienst ist« (Römer 12,1). Die frei gespendete Gnade ist für uns kein Freibrief zur Sünde. Sie sollte uns eher dazu bringen, uns ohne Vorbehalt dem Einen zu schenken, der uns so frei und so tief liebt. Wann immer Sie sündigen, will Gott, dass Sie sofort in seine Gemeinschaft zurückkehren. Lernen Sie Ihre Lektion – aber innerhalb seiner Vergebung und nicht außerhalb dieses Angebots.

Lassen Sie nicht zu, dass sich die Sünde in Ihrem Leben hoch auftürmt. Glauben Sie nicht, mit dem Bekennen Ihrer Sünde warten zu müssen, bis die Türen der Gemeinde offen sind oder bis der Tag zu Ende ist. Bekennen Sie die Sünde in dem Augenblick, in dem sie Ihnen bewusst wird. Am Steuer Ihres Autos, bei der Arbeit im Büro oder bei Ihrer Hausarbeit können Sie mit Gott ein Zwiegespräch führen. Wenn Sie mit ihm sprechen, antwortet er durch sein Wort.

Achten Sie auf die Worte der Hoffnung in der Heiligen Schrift für alle Sünder:

»So spricht der Herr: Fällt man denn und steht nicht wieder auf? Oder wendet man sich ab und kehrt nicht wieder zurück?« (Jeremia 8,4).

»Der Herr stützt alle Fallenden und richtet alle Niedergebeugten auf« (Psalm 145,14).

»Freue dich nicht über mich, meine Feindin! Denn bin ich gefallen, so stehe ich wieder auf; denn sitze ich in Finsternis, so ist der Herr mein Licht« (Micha 7,8).

»Denn der Gerechte fällt siebenmal und steht wieder auf« (Sprüche 24,16a).

»Von dem Herrn werden die Schritte des Mannes befestigt, und an seinem Weg hat er Gefallen; wenn er fällt, wird er nicht hingestreckt werden, denn der Herr stützt seine Hand« (Psalm 37,23-24).

Sie *können* »Nein« sagen zu einer hartnäckigen Gewohnheit, wenn Sie von Neuem »Ja« sagen zu Gott!

Fragen zur Vertiefung

1. Denken Sie an das letzte Mal zurück, als Sie von Ihrer Schwäche übermannt wurden. Gab es für Sie irgendwelche Anzeichen, dass Sie der Versuchung erliegen würden? Was können Sie aus dieser Erfahrung lernen?

2. Auf welche Weise lassen wir uns gelegentlich auf eine Versuchung ein in der Hoffnung, wir könnten mit ihr fertig werden und wüssten, an welcher Stelle wir aufhören müssen? Was zeigt uns eine solche Einstellung über unser Leben?

3. Was ist Ihrer Meinung nach das beste Gegenmittel gegen ein Sich-treiben-lassen im geistlichen Leben? Oder sind mehrere Vorsichtsmaßregeln erforderlich? Überlegen Sie sich Wege, wie Sie die Gelegenheiten für geistliches Stolpern vermindern können. Schreiben Sie sie auf.

4. Warum schieben wir es oft auf, unsere Sünde zu bekennen, nachdem wir gesündigt haben? Welche Lektionen haben wir noch nicht begriffen?

5. Was meinen Sie: Warum ist die Sünde so raffiniert? Nehmen Sie sich gerade jetzt etwas Zeit zum Gebet. Bitten Sie Gott, diejenigen Bereiche Ihres Lebens ans Licht zu bringen, in denen eine Erneuerung vonnöten ist, und danken Sie ihm dafür, dass er uns die Möglichkeit dazu durch seinen Sohn Jesus gegeben hat.

Das letzte Kapitel

Sie haben nun einiges über die Prinzipien gelesen und nachgedacht, die Gott zur Erneuerung Ihres Geistes und zur Veränderung Ihres Verhaltens gebrauchen kann. Wie machen Sie jetzt weiter? Was können Sie tun, um eine Verpflichtung, die Sie eingegangen sind, auch durchzuhalten?

Dieses Buch ist unvollständig, wenn es nicht angewendet wird. Wir müssen die Wahrheit nicht nur kennen, sondern auch tun. Aus diesem Grund wird das letzte Kapitel von Ihnen geschrieben! Die meisten von uns brauchen keine zusätzliche Wahrheit außer der, die wir bereits haben. Notwendig ist es, unser Wissen darum in das Gewebe unseres täglichen Lebens einzuflechten. Da liegt nun Ihre Chance, weiterzumachen, wo dieses Buch endet. Die Weise, in der Sie sich mit der Versuchung auseinandersetzen, entscheidet über das Ende dieses Buches.

Um das letzte Kapitel zu schreiben, sollten Sie sich ein dickes Notizbuch kaufen. Es gehört Ihnen allein – kein Verleger wird es in die Finger bekommen, um zu sehen, ob sein Inhalt für eine Veröffentlichung geeignet ist. Sie brauchen nicht auf die Grammatik zu achten, kein Lexikon zu benutzen oder die Orthografie zu prüfen. Dieses Kapitel betrifft nur Sie und Gott.

Dieses Notizbuch wird Ihr geistliches Tagebuch werden, eine Aufzeichnung über Ihren momentanen Stand im christlichen Leben, darüber, wo Sie stehen wollen, und über die Schritte, die Sie dorthin bringen können. Natürlich können Sie in dieses Buch eintragen, was Sie wollen. Ich füge jedoch einige Vorschläge an, die Sie vielleicht in Ihr Tagebuch aufnehmen möchten.

1. Schreiben Sie einen Brief an Gott und berichten Sie ihm von Ihrer Vergangenheit – von Ihren Fehlschlägen und Erfolgen. Achten Sie darauf, dass auch Ihre Schwächen oder schlech-

ten Gewohnheiten darin enthalten sind. Teilen Sie Gott die Wünsche Ihres Herzens mit. Sagen Sie ihm vor allem, was Sie möchten, dass er es in Ihrem Leben in den nächsten fünf Jahren, im nächsten Jahr, im nächsten Monat wirkt. Konzentrieren Sie sich auf Charaktereigenschaften und bedenken Sie, dass es sein Ziel ist, Sie nach dem Bild seines Sohnes zu formen (Römer 8,29).

2. Schreiben Sie besondere Gebetsanliegen für andere auf: für Ihren Ehepartner, Ihre Kinder, Ihre Angehörigen und Freunde. Werden Sie dabei konkret.

3. Bitten Sie Gott um Weisheit, die richtige Strategie zu erarbeiten, um ein solcher Mensch zu werden, wie Gott ihn haben will. Dazu gehören auch solche Dinge wie jeden Tag mit Gott zu beginnen, zwei oder mehr Bibelverse pro Woche auswendig zu lernen, Fürbitte für andere zu erlernen und zu tun.

4. Versuchen Sie, sich eine Vorstellung davon zu machen, wie Satan und das Fleisch versuchen werden, Sie von der Durchführung Ihrer Verpflichtung abzuhalten, z. B. durch zu langes Schlafen, Fernsehen, Hang zu Unordnung, Nachlässigkeit in guter Zeiteinteilung. Verringern Sie die Wahrscheinlichkeit Ihres Versagens. Wie viel ist Ihnen eine gute Beziehung zu Gott wert?

5. Vermerken Sie in Ihrem Notizbuch regelmäßig Dinge wie:
   a) besondere Gebetsanliegen und ihre Erhörung,
   b) besondere Beobachtungen, die Sie beim Lesen der Schrift machen, welche Ihnen eine spezielle Hilfe sind,
   c) die Lektionen, die Gott Sie lehrt.

Lassen Sie Ihr Buch zu einem Denkmal der Treue Gottes in Ihrem Leben werden. Wenn Sie das tun, dann wird das letzte Kapitel, das Sie selbst schreiben, zum wichtigsten Kapitel dieses Buches. Der Apostel Paulus bekräftigte, dass das beste Buch ein in der Kraft des Heiligen Geistes geführtes Leben ist: »Ihr seid unser Brief, eingeschrieben in unsere Herzen, gekannt und gelesen von allen Menschen« (2. Korinther 3,2). Möge Gott Ihnen helfen, noch heute damit anzufangen!

Anhang

Tipps für eine Diskussion innerhalb einer kleinen Gruppe und/oder fürs Selbststudium

Wenn Sie das Buch allein lesen, dann nehmen Sie sich nach dem Lesen eines Kapitels jeweils ein wenig Zeit, um zur Ruhe zu kommen, über das Gelesene nachzudenken und zu überlegen, wie Sie es in die Praxis umsetzen können. Wenn Sie dieses Buch mit ein paar Glaubensgeschwistern gemeinsam durcharbeiten, nehmen Sie sich etwas Zeit für Gemeinschaft, bevor Sie mit dem Lesen fortfahren. Hier nun einige Gedankenanstöße, wie Sie Ihre Zeit am effektivsten nutzen können.

Stellen Sie Grundregeln auf. Es brauchen nicht viele sein. Ich nenne hier zwei:

Erstens: Vielleicht möchten Sie sich als Gruppe verpflichten, dieses Programm bis zum Ende durchzuziehen. Ein sichtbares persönliches Wachstum der Einzelnen geschieht dann, wenn die Gruppenmitglieder genug Zeit miteinander verbringen, um sich gegenseitig wirklich gut kennenzulernen. Sie müssen sich nicht unbedingt jede Woche einmal treffen, doch sollten Sie einen regelmäßigen Abstand für Ihre Treffen festmachen. Wenn Sie dieses Buch allein durcharbeiten, verpflichten Sie sich, bis zum Ende durchzuhalten.

Zweitens: Legen Sie gemeinsam fest, dass die Geschichte jedes Einzelnen von Bedeutung ist. Zeit ist das wahrscheinlich wertvollste Gut heute. Deshalb: Wenn Sie nur eine Stunde Zeit haben für ein solches Treffen, tun Sie Ihr Bestes, um jedem einzelnen Teilnehmer genügend Zeit einzuräumen, sodass er seine Sorgen formulieren, seine Einsichten weitergeben und ein aktives Mitglied der Gruppe sein kann. Diskussionen in kleinen Gesprächsrunden sind keine Monologe. Doch ist es auch nicht unbedingt schlecht, wenn eine Person die Diskussion dominiert. Ihre Aufgabe in der Gruppe ist es nicht nur, sich selbst besser zu verstehen, sondern auch, sich gegenseitig zu unterstützen. Wenn ein Mitglied der Gruppe wirklich mehr Raum braucht, dann geben Sie ihm diesen. Manchmal wiegen die Nöte eines Einzelnen schwerer als die Nöte der vielen anderen. Seien Sie um ein weises Urteil bemüht und räumen Sie zusätzliche Zeit ein, wenn das nötig werden sollte. *Ihre* Zeit ist vielleicht beim nächsten Treffen der Gruppe gekommen.

Treffen Sie sich regelmäßig. Wählen Sie einen Termin und einen Raum aus – und bleiben Sie dabei. Seien Sie nicht überrascht, wenn das regelmäßige Einhalten des Termins ein Kampf werden wird. Gehen Sie in dieses Studium mit dieser Erwartung hinein und ziehen Sie es durch. Wenn Sie dieses Buch allein durcharbeiten, überlegen Sie sich ebenfalls für jede Woche eine Zeit und einen Ort, wann und wo Sie die Möglichkeit haben, sich genug zu konzentrieren.

Lassen Sie die Leitung Gottes zu. Jedes Mal, wenn Sie sich treffen, raten Sie mal, wer außer Ihnen noch dabei ist? Richtig: Gott! Achten Sie auf seine sanfte Leitung. Muss Ihre Zeit strukturiert sein? Dann ist es eine gute Idee, der Struktur des Buches zu folgen. Brauchen Sie stattdessen während Ihrer Treffen etwas Raum zum Durchatmen? Dann atmen Sie durch, gehen Sie einen Schritt zurück und schauen Sie, was Gott tut.

Sprechen Sie offen miteinander. Sie werden am Anfang etwas vorsichtig und zögernd sein. Sie sind kein schlechter Mensch, wenn Sie ein wenig damit zögern, all Ihre *Laster* vor Freunden oder gar neuen Bekannten auszupacken. Vielleicht sind Sie auch einfach ein wenig skeptisch, welchen Wert es haben soll, anderen das Innerste Ihres Wesens zu offenbaren. Vielleicht haben Sie auch einfach zu viel Angst davor, wie diese Offenbarungen aussehen oder sich anhören könnten. Es ist nicht das Ziel, dass Sie sich unbehaglich fühlen. Es ist vielmehr das Ziel, einen sicheren Ort zu haben, um sich gegenseitig austauschen zu können und einfach Sie selbst sein zu können. Doch vergessen Sie nicht den Grund, warum Sie an diesen Treffen teilnehmen – den Wunsch, einen Sinn für Ihr Leben zu finden. Und vergessen Sie nicht, dass Gott Sie an diesen Ort bringt – Sie sind nicht zufällig ein Teil dieser Gruppe. Wagen Sie es! Tauchen Sie Ihre Füße in das Wasser einer ehrlichen Diskussion ein. Darin kann oft Heilung gefunden werden. Und wieder einmal: Wenn Sie das Buch allein durcharbeiten, dann kann es auch schwierig sein, ehrlich zu sich selbst zu sein. Doch statt offen mit anderen zu sprechen, können Sie versuchen, regelmäßig alle Ihre Gedanken und Gefühle aufzuschreiben – und lassen Sie dann Gott sein Werk tun!

Bleiben Sie dran. Wenn eine gute Struktur nicht zu den Stärken Ihrer Gruppe zählt, versuchen Sie einmal diesen Ansatz: Verbringen Sie ein paar Minuten damit, allgemeine Fragen zum Kapitel auszutauschen. Nehmen Sie sich dann jede Frage einzeln vor und geben Sie jedem Teilnehmer der Gruppe die Gelegenheit, eine Antwort zu formulieren. Während Sie den anderen zuhören, schreiben Sie Gedanken auf, die durch deren Aussagen in Ihnen geweckt werden. Wenn Sie gebeten werden, das Gebet zu leiten, hören Sie sich alle Anliegen genau an. Wenn Sie dieses Buch allein durcharbeiten, treffen Sie Vorkehrungen dafür, dass Ihre Zeit fürs Studium frei von irgendwelchen Ablenkungen ist. Arbeiten Sie das Buch nicht vor dem Fernseher oder an der Bushaltestelle durch. Honorieren Sie die Veränderungen, die Gott in Ihrem Leben wirkt, indem Sie sich Zeit nehmen, um mit ihm gemeinsam dieses Buch ernsthaft durchzuarbeiten.

Verfolgen Sie das Thema weiter. Lassen Sie nicht zu, dass die neuen Pläne für Ihr Leben im Sande verlaufen, ohne dass die Veränderung wirklich geschieht. Legen Sie voreinander Rechenschaft ab und weisen Sie oft auf Gedanken aus früheren Kapiteln hin. Nehmen Sie sich am Anfang Ihrer Treffen Zeit, um zurückzuschauen und zu sehen, wie es Ihnen und den anderen ergeht. Beten Sie füreinander zwischen den einzelnen Treffen. Rufen Sie Gruppenmitglieder an, an die Gott Sie gerade erinnert, und fragen Sie einfach: »Wie geht's dir?« Und wenn Sie dieses Buch allein durcharbeiten, nehmen Sie die Fragen zur Vertiefung ernst. Betrachten Sie Ihr tiefstes Inneres und seien Sie ehrlich zu Gott und sich selbst. Es ist Ihre beste Gelegenheit zu geistlichem Wachstum!

Literaturverzeichnis

Adams, Jay E., Competent to Counsel, Grand Rapids: Baker Book House, 1970.

Adams, Jay E., You Can Sweeten a Sour Marriage, Grand Rapids: Baker Book House, 1975.

Augustinus, Confessions, Oxford: Clarendon Press, 1992.

Bubeck, Mark, The Adversary: the Christians versus demonic activity, Chicago: Moody Press, 1975.

Christenson, Larry, The Renewed Mind, Minneapolis: Bethany Fellowship, 1974.

Christians Unite, »Two Great Lies by James Stalker«, Articles, http://articles.christiansunite.com/article9614.shtml (Zugriff am 02.08.2007).

Dunn, Jerry G., God Is for the Alcoholic, Chicago: Moody Press, 1975.

Kiev, Ari, A Strategy for Daily Living, New York: Free Press, 1973.

Meyer, F. B., zitiert in: Guido, Michael, »The Book of Acts: Message Three«, Guido Gardens Online, http://www.the-sower.org/acts/03.htm (Zugriff am 02.08.2007).

Shelhamer, E. E., »Traits of the Self-Life«, Harrisburg, VA, USA: Christian Light Publications, 1994.

Spiegelberg, Nancy, »If Only I had Known You«, Godthoughts, http://www.godthoughts.com/only.htm (Zugriff am 02.08.2007).

William MacDonald
Der vergessene Befehl – seid heilig!

256 Seiten, Taschenbuch
ISBN 978-3-89397-195-4

Gottes Marschbefehl lautet: »Seid heilig« – d. h. passend für Gottes Gegenwart – und gute Repräsentanten von Jesus Christus in dieser Welt.

Ist diese Forderung nur eine Utopie? William MacDonald nimmt sich dieser brennenden Frage an, indem er nachweist, dass die Forderungen Gottes nach einem geheiligten Leben seiner Kinder nicht an der Realität scheitern müssen.

William MacDonald scheut sich nicht, bis in die verschwiegensten Winkel unseres Alltags hineinzuleuchten und gleichzeitig Wege zur Heiligung aufzuzeigen.

Erwin W. Lutzer
10 Lügen über Gott

224 Seiten, Paperback
ISBN 978-3-89397-287-6

»Gott ist heute toleranter als früher«, »Hilf dir selbst, dann hilft dir Gott«, »Der Sündenfall hat Gottes ersten Plan vereitelt« – das sind heutzutage häufig geäußerte Auffassungen.

Erwin Lutzer macht deutlich, dass in jeder dieser Aussagen eine bestimmte Gefahr steckt! Sie sind nicht biblisch, sondern sind Lügen über Gott und gefährden unseren Glauben …